대한민국임시정부와
대한민국

이 선 민

이선민李先敏

　　1960년 서울 출생. 서울대 국사학과에서 학사와 석사를 받고 박사 과정을 수료했다. 국사편찬위원회 임시연구원(촉탁)을 거쳐 1988년 조선일보에 수습기자(24기)로 입사하여 문화부 차장, 논설위원, 문화부장, 오피니언부장을 역임하고 현재 선임기자로 근무하고 있다. 영국 런던대 SOAS(동양아프리카대학)와 미국 브라운대에서 방문연구원으로 공부했다. 지은 책으로《민족주의, 이제는 버려야 하나》(삼성경제연구소, 2008),《'대한민국' 국호의 탄생》(대한민국역사박물관, 2013)이 있다.

초판 1쇄 인쇄 2019. 6. 5.
초판 1쇄 발행 2019. 6. 19.

지은이　　이 선 민
펴낸이　　김 경 회
펴낸곳　　(주)지식산업사
　　　　　　본사 • 10881, 경기도 파주시 광인사길 53(문발동)
　　　　　　전화 (031) 955 - 4226~7 팩스 (031) 955 - 4228
　　　　　　서울사무소 • 03044, 서울시 종로구 자하문로6길 18 - 7
　　　　　　전화 (02) 734 - 1978, 1958 팩스 (02) 720 - 7900
　　　　　　영문문패 www.jisik.co.kr
　　　　　　전자우편 jsp@jisik.co.kr
　　　　　　등록번호 1 - 363
　　　　　　등록날짜 1969. 5. 8.

책값은 뒤표지에 있습니다.

　　ISBN 978 - 89 - 423 - 9068 - 7(03910)

이 책에 대한 문의는
지식산업사로 연락 바랍니다.

이 책은 관훈클럽신영연구기금의 도움을 받아 저술 출판되었습니다.

3·1운동 100돌 기념출판

대한민국임시정부와 대한민국

이선민 지음

지식산업사

책을 시작하면서

　이 작은 책자가 만들어진 것은 2018년 1월 초 조선일보 지면에 3회에 걸쳐 연재된 〈정부 수립 70년－실록實錄 임정과 건국〉이 계기가 됐다. 대한민국 정부 수립 70주년이 되는 해를 맞이하면서 신년특집 기사를 고민하던 필자는 지난 10여 년 동안 학계는 물론 우리 사회에서 커다란 논란이 되고 있는 대한민국 건국 시점과 관련, 그동안 가장 궁금하게 생각하던 문제를 다루어 보기로 했다. 그것은 1948년 8월 대한민국 정부 수립을 대한민국임시정부의 핵심인사들은 어떻게 받아들였는가 하는 것이었다. 그동안 김구·김규식·이시영·신익희 등 주요 인물들의 이 문제에 관한 생각과 행동에 대해서는 단편적인 공부를 통해 알고 있었지만 이번 기회에 전체적인 모습을 한 번 그려보고 싶었다.

　하지만 기사 준비를 시작할 때만 해도 잘될 것이라는 확신은 없었다. 오히려 신년특집에 어울리는 기삿감이 되지 못하면 어떻게 하나라는 걱정이 컸던 것이 솔직한 심정이었다. 그런데 관련된 책과 논문, 자료를 하나씩 읽어나가면서 생각보다 좋은 기획이 될 것 같다는 느낌이 들었다. 파고 들어갈수록 많은 임정 요인들이 대한민국 출범을 반겼고, 큰 역할을 했다는 사실을 확인했기 때문이었다. 따라서 기사를 쓰는 과정은 아주 자연스러웠다. 더도 말고 덜도 말고 있었던 그대로의 역사적 사실을 충실하게 재현하면 되었기 때문이다.

'상-하나의 뿌리, 중-건국의 토대를 닦다, 하-광복에서 단독정부까지'로 이루어진 신년특집 연재를 끝낼 무렵 이 기획기사에서 다루었던 1940년부터 1950년까지 대한민국임시정부 요인들의 건국에 관한 생각과 행동을 보다 충실하고 세밀하게 추적해 보고 싶다는 생각이 들었다. 어렴풋했던 이런 구상은 뒤이어 2018년 5월부터 9월까지 한국정치외교사학회와 공동기획으로 조선일보에 〈다시 보는 1948년 대한민국 출범〉을 연재하면서 구체화됐다. 대한민국 정부 수립의 첫걸음으로 실시된 1948년 5.10 총선부터 그해 12월 12일 파리 제3차 유엔총회에서 대한민국이 '한반도의 유일 합법정부'로 승인되기까지를 13회에 걸쳐 정리한 이 연재물을 준비하면서 필자는 대한민국임시정부와 대한민국의 관계에 대해 더 깊고 넓은 통찰을 얻을 수 있었다. 그 가운데 하나는 신년특집 당시 소홀하게 지나쳤던 광복군 지휘부와 청년장교들의 대한민국 정부 수립에 대한 적극적 지지에 주목하게 된 것이었다. 또한 대한민국 정부가 수립되고 6.25전쟁을 겪은 뒤 점차 잊혀져가던 '임정법통 계승' 정신이 되살아나는 과정을 인식하게 된 것도 큰 성과였다.

이를 통해 2018년 신년특집이 끝나면서 필자가 가졌던 희망이 결실을 맺을 수 있겠다는 확신이 섰고, 그로부터 반년 정도의 자료조사 및 집필 작업을 거쳐 이 책을 내놓게 되었다. 대한민국임시정부와 대한민국의 관계를 다룬 책을 대한민국 정부 수립 70주년에 시작해서 대한민국임시정부 수립 100주년에 출간하는 것을 매우 기쁘고 의미 깊게 생각한다.

이 책에서 필자는 1932년 윤봉길 의거 후 상해를 떠나서 중국 전역을 떠돌던 대한민국임시정부가 1940년 중경에 정착한 다음 독립과 건국의 꿈을 본격적으로 펼치기 시작하고, 해방을 맞아 환국한 뒤 격동기를 거치며 대한민국 정부 수립과 6·25전쟁을 맞이하기까지의 과정을 충실하게 재현하려고 했다. 먼저 임정을 이끌어간 지도자급 독립운동가들의 생각과 움직임을 되도록 상세하게 다루었다. 그리고 환국한 뒤에 시간이 흐르면서 노선이 분화되고 변화됐던 임정의 정치인들과 달리 시종일관 대한민국 수립 지지 입장을 견지했던 광복군 지휘부와 청년장교들의 모습을 살펴봤다. 이어 6·25전쟁으로 임정 요인의 상당수가 납북된 뒤 임정의 기억이 점차 지워져 가는 과정, 그리고 1980년대 후반 헌법 전문에 '임정법통 계승'이 다시 들어가는 경과를 차례로 추적했다. 이를 통해 그 파란만장한 고난과 희망, 단절과 계승의 역정이 오늘 우리들에게 주는 역사적 의미는 무엇인가를 성찰해 보려고 했다.

필자는 오늘 우리가 안고 있는 국가적·민족적·사회적 문제들의 상당 부분이 이 책에서 다루는 역사적 사실에서 비롯됐으며, 그 해결책은 과거에 대한 정확한 인식과 성찰로부터 나올 수 있다고 생각한다. 여기에 대한 나름의 입장과 판단은 맺음말에 정리돼 있다. 또 이런 역사적·현실적 논의가 최근 우리 사회에서 중요한 화두로 대두하고 있는 민족주의를 둘러싼 여러 가지 쟁점들에 대한 이해에도 도움이 되기를 바란다.

이 책에는 대한민국임시정부 안팎에서 활동했던 많은 민족주의자 선열先烈들이 등장한다. 그 가운데 필자가 집필해 나가면서 가장 공감하고 존경하게 된 인물은 조소앙이다. 대한민국임시정부와 한독당의 2인자이자 독립운동의 최고 이론가였던 그의 명성은 익히 알고 있었지만 그가 광복 후 6·25전쟁으로 납북되기까지 보여준 행적에 절로 고개가 숙여졌다. 특히 새로 세워지는 조국의 미래상에 대해 누구보다 정확하고 폭넓은 설계를 지녔던 그가 대한민국 정부 수립 후 '대한민국 육성론'을 펼치면서 발표한 몇 편의 글을 읽으면서 그 절실함과 넓은 역사적·국제정치적 안목에 전율을 느꼈다. 조소앙을 비롯해서 대한민국을 정말로 사랑하고 키우려고 했던 임정 요인들이 1950년대 이후 잊혀져간 것을 안타까워하고 그들의 고뇌와 분투를 재조명하여 널리 알려야 한다는 사명감이 이 책을 쓰는 중요한 동력이 됐음을 고백한다.

전문 연구자가 아닌 필자가 이만한 책을 쓸 수 있었던 것은 수많은 연구자들의 논문과 저서가 있었기 때문이다. 책을 쓰면서 궁금하게 생각되고 해명해야 할 주제가 생기면 반드시 누군가가 그것에 관한 논문을 써놓은 것을 발견하고는 신기했다. 이 책은 이처럼 최근 점점 더 양적으로 확대되고, 질적으로 심화되는 학문적 성과들 덕분에 나올 수 있었다. 그 가운데 집필에 직접 도움을 받은 저서와 논문은 책의 뒷부분에 밝혔다. 저자들이 공들여 쓴 글을 통해 필자가 많은 지식과 통찰을 얻은 것에 대해 깊은 감사의 말씀을 드린다. 학문적 저서가 아니라서 본문 가운데 일일이 주석을 통해 인용을 밝히지 않은 점에 대해서는 양해를 부탁드린다.

앞에서 언급한 것처럼 이 책의 큰 틀은 2018년 조선일보에 연재됐던 두 편의 기획물을 통해 만들어졌다. 이들 연재가 가능하도록 도와준 조선일보 편집국 문화부의 김기철·김윤덕 전·현 부장을 비롯한 동료들에게 감사한다. 그리고 신문에 연재됐던 글을 토대로 한 책에 대해 그 주제의 의의를 인정하고 저술 출판을 지원해 준 관훈클럽신영연구기금에도 고맙다는 인사를 전한다. 필자의 문제의식에 공감해서 출판을 맡아 준 지식산업사의 김경희 대표님과 번거로운 주문들을 기꺼이 받아들여 준 김연주 편집자께는 고맙고도 미안한 마음이다. 이 책 내용의 대부분은 주말과 휴일·휴가를 이용해 역사 관련 서적을 모아놓은 서울대중앙도서관 4층 제7열람실의 창가 좌석에 앉아서 집필한 것이다. 대한민국 국민이라면 누구나 원하는 책을 개가식 서고에서 마음껏 꺼내어 볼 수 있는 여건을 제공해 준 모교의 너그러움도 이 책 탄생에 일조했다.

2019년 6월
이 선 민

차 례

1

대한민국임시정부,
건국 준비를 본격화하다

1

임정의 중경 정착과 당黨·군軍·정政 체제 정비

　　1940년 9월 대한민국임시정부는 중경에 도착했다. 1932년 4월 29일 상해 홍구공원에서 윤봉길이 의거를 일으킨 직후 일본제국주의의 보복을 피해 상해를 떠난 지 8년 5개월만이었다. 이 기간 동안 임정은 항주杭州→진강鎭江→장사長沙→광주廣州→유주柳州→기강綦江을 옮겨 다니며 풍찬노숙의 세월을 보냈다.

　　임정이 중경으로 향한 것은 그곳이 국민당이 이끄는 중화민국 정부의 임시수도였기 때문이었다. 윤봉길 의거 이후 중국 국민당 정부의 전폭적인 지원을 받게 된 임정은 국민당 정부와 가까운 곳에 자리 잡아야 했다. 1937년 7월 중일전쟁이 발발하고 그해 12월 중국 수도 남경을 일본군이 점령하자 국민당 정부는 중국 대륙 서남쪽에 있는 중경으로 옮겨갔다. 당시 광주에 머물고 있던 임정은 장개석 총통에게 전보를 보내 국민당 정부를 따라서 중경으로 가겠다는 의사를 전달했다. 장개석이 이를 받아들이자 김구 등 임정 지도부가 먼저 1938년 10

월 말 중경으로 가서 임정의 이전을 준비하기 시작했다.

광주마저 일본군에게 함락된 뒤 유주로 옮겨갔던 임정은 중경을 향하여 이동하기 시작했다. 그리고 1939년 5월 중경에서 남쪽으로 100여 리 떨어진 기강에 일단 자리를 잡았다. 국민당 정부와 교섭한 끝에 중경 양류가楊柳街에 임정 청사가 마련됐고, 1940년 9월 마침내 임정이 중경으로 옮겨왔다.

중경에 정착할 무렵 임정은 8년 넘게 중국 대륙을 떠돌면서 흐트러진 체제를 정비하는 작업에 착수했다. 가장 먼저 한 작업은 임정을 이끌어 가는 중심체인 한국독립당을 강화하는 것이었다. 1931년 1월 25일 상해에서 대한민국임시정부의 핵심 인사들이 만든 한국독립당은 임정이 상해를 떠나 이동하는 과정에서 몇 개의 그룹으로 나눠졌다. 그리고 1930년대 중반 중국에서 활동하는 독립운동 세력들의 대동단결 문제가 대두하자, 이에 대한 입장 차이로 이합집산을 거듭했다. 1930년대 말 임정을 지지하는 중국 관내關內의 민족주의 세력은 김구를 주축으로 하는 한국국민당, 조소앙과 홍진이 이끄는 (재건)한국독립당, 지청천 등 만주에서 활약했던 독립군 출신이 중심이 된 조선혁명당이 정립鼎立하고 있는 상태였다.

이들 민족주의 계열의 3개 정당은 임정의 중경 진입을 눈앞에 둔 1939년 10월 기강에서 '3당 통일대표회의'를 열었다. 각 당의 대표들은 통합 신당의 이름과 정강 정책, 조직 등을 협의한 뒤 소속한 당의 비준을 받아 다시 모이기로 했다. 해를 넘긴 1940년 3월, 3당 대표들은 다시 회동을 갖고 당명黨名 등에 관한 최종 합의에 이르렀다. 3개 정당은 1940년 5월 8일 기존의 당들을 해소하고 새로이 '(통합) 한국독립당'을 창립한다는 '3당 해체 선언'을 발표했다.

신당은 보다 큰 권위와 보다 많은 인원과 보다 광대한 성세聲勢, 보다 고급적 지위를 가지고 우리 독립운동을 보다 유력하게 추진케 할 것을 확실히 믿고 바라며 3당 자신은 이에 해소됨을 선언한다. 아울러 우리 3당의 결정結晶으로 된 신당, 즉 한국독립당이 3·1운동의 정맥正脈을 계승한 민족운동의 중심적 대표당임을 성명한다.   (강조점은 필자)

통합 한국독립당의 창립대회는 1940년 5월 9일 열렸다. 이 자리에서 당의 대표인 중앙집행위원장에는 한국국민당의 김구가 추대되었고, 재건 한국독립당의 홍진·조소앙·조시원, 조선혁명당의 지청천·유동열·안훈(조경한), 한국국민당의 조완구·김붕준·엄항섭·박찬익이 중앙집행위원으로 선출되었다. 감찰위원장에는 한국국민당의 원로인 이동녕이 선임되었다.

통합 한국독립당 안에는 크게 두 개의 세력이 있었다. 김구를 중심으로 하는 한국국민당 그룹과 조소앙을 중심으로 하는

韓國獨立黨一屆中央執監委員全體撮影 ... 大戰亡

1 통합 한국독립당이 출범한 직후인 1940년 5월 16일 한독당 중앙집행감찰위원들이 자리를 함께 했다. 앞줄 왼쪽부터 김붕준·이청천·송병조·조완구·이시영·김구·유동열·조소앙·차리석, 뒷줄 왼쪽부터 엄항섭·김의한·조경한·양소벽·조시원·김학규·고운기·박찬익·최동오.

재건 한국독립당·조선혁명당 연합 그룹이었다. 창당 당시에는 전자가 주류였지만 1943년 5월 제3차 전당대회에서 조소앙이 중앙집행위원장에 선출돼 후자가 당의 주도권을 장악하게 됐다. 하지만 임정 개조, 다른 당파들과의 합작 문제를 둘러싼 한국독립당 내부 갈등으로 후자의 상당수가 탈당해서 1945년 2월 신한민주당을 만들었다. 그 뒤 1945년 7월 열린 통합 한국독립당 제4차 전당대회에서 김구가 조소앙을 누르고 다시 중앙집행위원장에 당선되면서 전자가 주도권을 되찾았다.

임정이 통합 한국독립당 창당으로 정치적 중심체를 강화한 데 이어 착수한 체제 정비 작업은 한국광복군의 창설이었다. 임정은 3·1운동으로 수립된 상해 임시정부와 노령露領 임시정부, 한성 임시정부가 통합한 직후인 1919년 12월 '대한민국육군임시군제軍制' 등의 법령을 마련하고 군대 편성 계획을 수립했다. 한반도를 강점하고 있는 일본 제국주의를 몰아내고 독립을 이룩하기 위해서는 무장력을 갖추는 것이 필수였기 때문이다. 하지만 당시에는 현실적인 여건이 따라주지 않아 이를 실행에 옮기지 못했다. 김구가 1930년대 초 한인애국단을 만들어 이봉창·윤봉길 의거 등 의열 투쟁을 벌인 것은 군대가 없는 한계를 뛰어넘기 위한 몸부림이었다. 이제 일본 제국주의가 중일전쟁을 일으켜 중국과 전면전에 돌입하고, 임정도 역량을 강화하게 되자 정규군을 만들어 자체 무장력을 갖추는 것이 당면과제로 떠올랐다.

임정은 중경 진입을 눈앞에 둔 1939년 10월, 만주에서 독립군 지도자로 활동했던 조성환이 이끄는 군사특파단을 서안西安으로 파견했다. 당시 중국 화북華北 지역에 많이 살고 있던 한인을 대상으로 군대 병력을 모집하기 위해서였다. 또 미주 지역에 있는 동포들에게 군대 창설 계획을 알리고 재정적 지원을 요청했다.

임정은 군사적 경험이 풍부한 지청천·이범석·유동열·김학규

등 군사간부들로 '한국광복군창설위원회'를 만들고 창군創軍의 실무 작업을 맡겼다. 이들은 1920~30년대 만주 지역에서 활약했던 독립군 출신들과 중국군에 복무하고 있는 한인 청년들을 소집하여 광복군을 만들고, 이를 기반으로 1년 이내에 3개 사단을 편성한다는 계획을 마련했다.

임정이 중국 영토 안에서 군대를 창설하기 위해서는 중국 정부의 협조와 지원이 필수적이었다. 1940년 5월 한국독립당 중앙집행위원장 김구는 중화민국 총통 장개석에게 광복군 창설과 운영 계획을 담은 '한국광복군편련編練계획대강大綱'을 제출했다. 임정이 광복군을 만들어 중국군과 연합작전을 전개하겠다는 방침을 밝히고, 광복군 창설에 대한 인준과 지원을 요청하는 내용이었다. 장개석은 이를 승인하고 중국군사위원회에 지원을 지시했다.

임정은 중경으로 공식 이전한 직후인 1940년 9월 15일 임정 주석 겸 한국광복군창설위원장 김구 명의로 〈한국광복군선언문〉을 발표했다.

대한민국임시정부는 대한민국 원년元年에 정부가 공포한 군사조직법에 의하여 중화민국 총통 장개석 원수의 특별 허락으로 중화민국 영토 내에서 광복군을 조직하고, 대한민국 22년 9월 17일 한국광복군총사령부를 창설함을 자兹에 선언한다. 한국광복군은 중

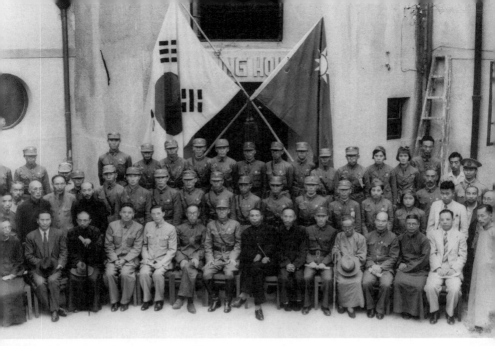

사진 **2** 1940년 9월 17일 광복군 성립 전례식이 끝난 뒤 참석자들이 기념 촬영을 했다. 앞줄 중앙에 광복군총사령 지청천과 대한민국임시정부 주석이자 광복군창설위원장인 김구의 모습이 보인다.

> **화민국 국민과 합작하여 우리 두 나라의 독립을 회복하고자 공동**
> **의 적인 일본 제국주의자들을 타도하기 위하여 연합군의 일원으로**
> **항전을 계속한다.**

이틀 뒤인 1940년 9월 17일 중경 시내 가릉빈관嘉陵賓館에서 임정 요인들과 광복군 지휘부, 중국 측 인사들, 중경 주재 외교사절 등이 참석한 가운데 한국광복군총사령부 성립 전례식이 열렸다. 한국광복군창설위원장 김구의 대회사, 외무부장 조소앙의 경과보고, 임정과 한국독립당 간부들의 인사, 중국 측 인사들의 축사가 이어졌고, 지청천 한국광복군총사령의 답사가 있었다. 한국광복군은 △총사령: 지청천 △참모장: 이범석 △제1지대장: 이준식 △제2지대장: 공진원 △제3지대장: 김학규로 구성됐다.

광복군은 창설 작업이 끝나자 중국 각지에 흩어져 활동하는 한인 무장세력을 흡수하는 작업에 나섰다. 먼저 무정부주의 청년들 중심으로 1939년 11월 결성된 한국청년전지공작대戰地工作隊가 1941년 1월 광복군에 편입됐다. 이어 중국 관내關內에서 활동하는 좌파 한인 독립운동가들의 연합체인 조선민족전선연맹이 1938년 8월 무장조직으로 만든 조선의용대의 일부 병력이 1942년 5월 광복군에 편입됐다. 조선의용대 병력 가운데 80퍼센트 이상이 1941년 여름 중국공산당이 관할하는 화북 지방으로 북상해서 넘어가자 조선의용대 대장 김원봉이 남은 병력을 이끌고 광복군에 합류한 것이었다. 김원봉은 신설된 광복군부副사령을 맡았다. 이로써 광복군의 무장력은 상당히 확충됐고, 임정의 군대로서 면모를 갖추게 되었다.

임정의 체제 정비는 당黨과 군軍에 이어 정부를 확대하고 강화함으로써 완성되었다. 임시정부의 확대·강화는 두 차례에 걸쳐서 진행됐다. 첫 번째는 민족주의 계열 3개 정당이 통합해 한국독립당으로 거듭난 데 따른 것이었다. 1939년 10월 기강

사진 **3** 1942년 5월 조선의용대 일부 병력이 광복군에 합류한 뒤 기존 광복군 병력이 통합돼 재편된 광복군 제2지대.

에서 임시정부의 국회에 해당하는 임시의정원의 제31회 정기 회의가 열렸다. 당시 임시의정원 의원은 17명으로 재건 한국독 립당 소속인 조소앙을 제외한 16명이 한국국민당 인사였다. 이 회의에서 임시의정원은 18명의 의원을 새로 선출했는데 대부 분 재건 한국독립당과 조선혁명당 인사였다. 이어 행정부서를 담당하는 국무위원도 대폭 보강했다. 기존에 국무위원이었던 이동녕·김구·이시영·조성환·송병조·차리석·조완구 외에 재건 한국독립당에서 조소앙과 홍진, 조선혁명당에서 지청천과 유동 열을 국무위원으로 선출했다. 그리고 이들을 각 행정부서에 책 임자로 배치하면서 3개 정당 출신을 안배했다.

임시정부의 두 번째 확대·강화는 좌익세력의 임정 참여에 따른 좌·우 연합정부 구성이었다. 1930년대 이후 중국 관내에서 활동하던 좌파 독립운동 세력은 임정에 참여하지 않았다. 하지만 중경에 정착한 임정이 세력을 확대하자 이들도 점차 임정으로 결집했다.

여기에는 당시 일본의 중국 침략 본격화에 맞서 중국 공산당과 항일抗日 연합전선을 모색하고 있던 국민당 정부가 한국 독립운동 세력에게도 항일 합작을 종용하면서 지원 창구를 임정으로 단일화하겠다는 방침을 밝힌 것이 크게 작용했다. 이에 따라 임정을 이끌던 김구와 조선민족혁명당의 지도자인 김원봉은 1939년 5월 〈동지·동포 제군諸君에게 고告함〉이라는 공동성명을 통해 "조국광복을 위해서는 민족운동이 필요하며 앞으로 공동전선을 펴겠다"고 다짐했다. 하지만 좌·우파 각 진영 안에서 반발이 터져 나오는 바람에 공동전선 실현은 늦추어졌다. 그러나 중국 국민당의 항일을 위한 좌·우 합작 종용은 꾸준히 계속됐다. 결국 좌파 독립운동 세력 가운데 김성숙이 이끌던 조선민족해방동맹이 먼저 1941년 12월 1일 〈옹호擁護 한국임시정부 선언〉을 발표하고 먼저 임정에 합류했다. 이어 김원봉을 중심으로 하고 가장 세력이 컸던 조선민족혁명당이 1941년 12월 10일 임정 참여를 공식 발표했다. 그리고 유림과 유자명 등 무정부주의자들이 조직한 조선혁명자(무정부주의자)연맹도

임정 참여 방침을 밝혔다.

좌파 독립운동 세력의 임정 참여는 임시의정원부터 이뤄졌다. 임정은 1942년 8월 임시의정원을 확대해 의원수를 23명에서 46명으로 늘렸다. 기존 의원들이 모두 통합 한국독립당 소속이었던 것과 달리 새로 선임된 의원은 조선민족혁명당 12명, 조선민족해방동맹과 조선혁명자(무정부주의자)연맹 각 2명 등 16명이 좌파 인사였다.

임정은 이어 1944년 4월 헌법을 개정해서 정부 조직과 기구를 확대 개편하고 국무위원과 행정부처에도 좌파 인사들을 참여시켰다. 국무위원 14명은 한국독립당 8명, 조선민족혁명당 4명, 조선민족해방동맹과 조선혁명자연맹 각 1명으로 배분됐다. 행정부처에는 조선민족혁명당 소속의 김규식(부주석), 김원봉(군무부장), 최석순(문화부장)이 참여했다.

. 임정 요인들의 건국 구상과 〈건국강령〉 공포

임정이 중국 대륙을 떠도는 오랜 시련의 세월을 이겨낸 뒤

당·군·정에 걸쳐 체제를 정비하고 본격적인 독립운동을 시작하던 무렵 그 핵심인사들은 자신들이 어떤 단계에 와 있으며 무슨 과제를 안고 있다고 생각했을까? 당시 임정 요인들의 인식은 1940년 5월 민족주의 계열 3개 정당이 통합 한국독립당을 만들면서 발표한 〈한국독립당 창립 선언〉에 잘 나타나 있다.

> 우리 동지들, 우리는 망국멸족亡國滅族의 비참한 시대에서 무시무시한 진상을 목도하고 본 당黨을 세워 도왜倒倭와 복국復國을 목표삼아 용감하게 혁명적 수단을 가지고 질뢰파산疾雷破山의 정기를 고려鼓勵하면서 건국建國과 구국救國의 대도大道로 매진하는 과정 중에서 활약하고 있다. 본 당이 비록 도왜복국의 초기에서 탄생한 유년기에 있지만 …   (강조점은 필자)

즉 독립운동의 과정을 나라를 되찾는 '복국復國'과 새로운 나라를 세우는 '건국建國'의 두 단계로 나누고, 당시는 '복국의 초기'에 해당한다고 규정한 것이다. 통합 한국독립당 창립 선언에 이어 당의 기본정신과 정강·정책을 담아 발표한 당의黨義와 당강黨綱에도 이와 관련된 부분이 보인다. 통합 한국독립당 당의는 "이에 본 당은 혁명적 수단으로써 원수 일본의 모든 침탈세력을 박멸하여 국토와 주권을 완전 광복하고 정치·경제·교육의 균등을 기초로 한 신민주국을 건설하여서 …"라고 되어 있다. 당강은 첫 머리에 '국토와 주권을 완전 광복하여 대한민국을 건립할 것'이라고 했다. 즉 통합 한국독립당의 활동 목표를 일본 제국주의를 무너뜨리고 나라의 주권을 회복하는 '복국復國 또는 광복光復'과 삼균주의三均主義에 입각한 새 민주국가를 건설하는 '건국建國'으로 나누어 단계적으로 파악하고 있는 것이다.

삼균주의에 입각한 단계적 독립운동론이 처음 모습을 드러낸 것은 1931년 1월 상해에서 한국독립당이 처음 발족할 때였다. 당시 한국독립당의 기본정신을 담은 당의는 다음과 같다.

> 본 당은 혁명적 수단으로써 원수 일본의 모든 침탈세력을 박멸하여 국토와 주권을 완전 광복하고 정치·경제·교육의 균등을 기초로 한 신민주국을 건설하여서 안으로는 국민 각개의 균등생활을 확보하며 밖으로는 민족과 민족, 국가와 국가의 평등을 실현하고 나아가 세계일가의 진로로 향함.

한국독립당이 발족 당시 제시했던 '복국[광복]→건국→세계평화'의 3단계 혁명론과 '정치·경제·교육의 평등'의 건국이념은 1930년대 중국 관내에서 활동하던 대부분 주요 독립운동 세력들에 의해 수용됐다. 1935년 7월 한국독립당·조선혁명당·의열단·신한독립당·대한독립당 등 좌·우파를 망라한 독립운동

세력들이 연합해서 만든 민족혁명당의 당의는 다음과 같았다.

　　본 당은 혁명적 수단으로서 구적仇敵 일본의 침략세력을 박멸
하여 5천 년 이래 독립 자주해 온 국토와 주권을 회복하고 정치·
경제·교육의 평등을 기초로 한 진정한 민주공화국을 건설하여 국
민 전체의 생활 평등을 확보하고 나아가서 세계 인류의 평등과 행
복을 촉진한다.

　민족혁명당 참여에 반대했던 김구·이동녕·이시영·차리석 등
이 만든 한국국민당과 민족혁명당에 참가했다가 떨어져 나온
지청천·유동열·최동오 등이 만든 조선혁명당의 당의·당강도
한국독립당과 비슷했다. 한국국민당은 창당 선언에서 "오등吾
等은 국가주권의 완전한 광복으로 전민적全民的 정치·경제·교
육의 3대 원칙을 신앙으로 확립하고"라고 했다. 조선혁명당은
정강에서 '정치 평등의 민주정치 실현, 경제 평등의 국민 생활
평등 조성, 자유 평등의 신사회 건설'을 내세웠다.
　이처럼 1930년대 이래 우리 민족운동가들이 발전시켜 온 독
립과 근대국가 건설에 대한 인식을 가장 잘 정리된 형태로 표
현한 것은 통합 한국독립당이 출범한 지 1년 뒤인 1941년 5월
개최된 제1차 전당대표대회全黨代表大會에서 발표한 선언문이
었다. '한국독립당의 본령과 책략'이란 제목이 붙은 이 선언문

은 "우리 운동계에서 일정한 주의를 가진 근대식 혁명단체의 조직으로는 3·1운동 이후 1930년 전후에 비로소 동북東北과 상해에서 궐기하여 삼균제도三均制度의 건국을 전제로 한 파괴와 건설의 강령을 걸고 신新기치를 날리기 시작했다"며 통합 한국독립당의 임무를 복국復國, 건국建國, 치국治國, 세계일가世界一家의 네 단계로 나누었다. 그리고 각 단계마다 또 그 내부에 세부적인 단계들이 있다고 했다.

첫 번째 단계인 '복국復國'은 '적을 파괴하고 조국을 광복하고 민족을 부활'하는 것이다. 두 번째 단계인 '건국建國'은 '삼균제도로써 국가와 사회를 창립하여 민주정치와 균등정책을 실시'하는 것이다. 세 번째 단계인 '치국治國'은 '삼균제도의 고급 이론 및 계획에 비춰서 대내적으로는 국민 각 개인의 지력智力·권력權力·부력富力을 균등화하고, 대외적으로는 민족의 평등과 국가의 평등을 실시'하는 것이다. 마지막으로 네 번째 단계인 '세계일가世界一家'는 '국가 존립의 필요와 민족 대립 또는 국가 대립의 조건이 소멸되어 인류지상人類至上의 세계본위世界本位가 공동으로 확인'되는 시기이다.

〈한국독립당 제1차 전당대표대회 선언〉은 "목하目下 우리 민족의 활동과정은 제1단段, 즉 복국復國 단계의 초기에서 진행 중에 있다"고 규정했다. 그리고 복국 단계의 초기 임무를 '독립의 선포' '국호國號의 확립' '정부 및 의원議院의 전형典型

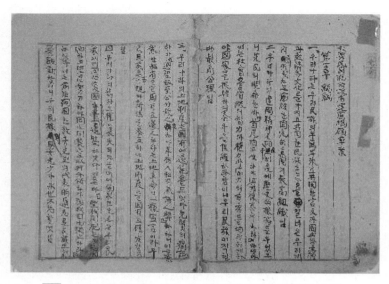

5 조소앙이 친필로 적은 〈대한민국임시정부건국강령 초안〉.
등록문화재 제740호로 지정돼 있다.

건립'·'독립에 수요需要된 정부조직 훈련 및 혈전血戰'의 네 가지로 요약했다. 복국기復國期의 초단初段을 넘어서 복국기의 제2단, 즉 중기中期로 진행하면 '당黨·정政·군軍의 일부가 국토 내부에 전좌奠坐할 것'·'국토의 일부를 수복할 것'·'국제적인 승인을 받을 것'이 과제로 주어진다. 그리고 복국기의 제3단인 완성기의 임무는 '국내에서 적을 완전 구축驅逐하고 국권의 수복을 완성할 것'·'정부와 의원이 확립되어 건국의 실제적 예비 임무가 개시될 것'·'유관 각국과 조약을 체결할 것'이라고 제시했다.

　정치·경제·교육의 평등을 지향하는 '삼균주의三均主義'에 입
각해서 복국復國→건국建國→치국治國→세계일가世界一家를 단
계적으로 이룩해 간다는 민족운동론은 한국독립당 제1차 전당
대표대회 선언으로 구체화된 지 반년 후인 1941년 11월 임정
이 선포한 〈대한민국건국강령〉을 통해 대한민국임시정부의 공
식 방침으로 채택됐다. 임정 국무위원회 김구 주석과 이시영·
조성환·조완구·조소앙·박찬익·차이석 등 국무위원들의 연명으
로 발표된 이 강령은 제1장 총강總綱 7개항, 제2장 복국復國
10개항, 제3장 건국建國 7개항 등 모두 24개 항목으로 구성돼
있다. 제1장 총강에서는 삼균제도의 역사적 근거, 독립운동의
정신적 연원, 임정이 삼균제도를 채택한 과정을 설명했다. 제2
장 복국과 제3장 건국은 네 단계로 나누어지는 민족운동의 완
성 과정 가운데 당면한 전반부 두 단계의 과제를 세부적으로
설정했다. 복국은 독립운동의 단계별 임무와 방법을 제시했고,
건국은 광복 후 건설할 국가의 성격을 비롯해서 정치·경제·교
육의 원칙과 정책을 설명했다.

　건국강령에서 복국기는 한국독립당 제1차 전당대표대회 선
언과 마찬가지로 다시 제1기, 제2기, 완성기로 나뉘며 다음과
같이 정의되고 있다.

1. 독립을 선포하고 국호를 일정히 하여 행사하고 임시정부와 임시의정원을 세우고 임시약법과 기타 법규를 반포하고 인민의 납세와 병역의 의무를 행하며 군력과 외교와 당무와 인심이 서로 배합하야 적에 대한 혈전을 정부로서 계속하는 과정을 복국의 제1기라 할 것임.

2. 일부 국토를 회복하고 당·정·군의 기구가 국내에 전전轉奠하여 국제적 지위를 본질적으로 취득함에 충족한 조건이 성숙할 때를 복국의 제2기라 할 것임.

3. 적의 세력에 포위된 국토와 부노付奴된 인민과 침점侵占된 정치·경제와 말살된 교육과 문화 등을 완전히 탈환하고 평등 지위와 자유 의지로써 각국 정부와 조약을 체결할 때를 복국의 완성기라 할 것임.

한국독립당 제1차 전당대표대회 선언에서 설명되지 않았던 건국기의 세 단계는 〈대한민국건국강령〉에 이르러 구체적으로 제시됐다. 즉 일제의 통치기구를 국내에서 박멸하고 중앙정부와 의회가 주권을 행사하여 삼균제도의 강령과 정책을 국내에서 시행하기 시작하는 단계가 건국의 제1기, 삼균제도를 골자로 한 헌법을 실시하여 정치·경제·교육의 균형이 도모되는 단계가 제2기, 건국에 관한 일체의 기초적 시설과 성적이 예정 계획의 과반을 성취하는 단계를 완성기로 규정했다.

〈대한민국건국강령〉은 복국기와 건국기의 정치제도와 주체에 대해 다음과 같이 설명했다.

4. 복국기에는 임시약헌과 기타 반포한 법규에 의하여 임시의정원의 선거로 조직된 국무위원회로써 복국의 공무를 집행할 것임.
5. 복국기의 국가 주권은 광복운동자 전체가 대행할 것임.
9. 복국 임무가 완성되는 계단에 건국 임무에 소용되는 인재와 법령과 계획을 준비할 것임.
10. 건국 시기에 실행할 헌법과 중앙과 지방의 정부조직법과 중앙의정원과 지방의정원의 조직 급及 선거법과 지방자치제도와 군사 외교에 관한 법규는 임시의정원의 기초와 결의를 경과하여 임시정부가 이것을 반포할 것임.

이상의 내용을 종합하면 1940년대 초반 임정 요인들은 우리 독립운동이 복국의 제1기에 있다고 생각했다. 그들은 복국의 제2기와 완성기, 그리고 건국의 제1기·제2기·완성기가 머지않아 다가올 것으로 예상하고 있었다. 〈대한민국건국강령〉을 만들 무렵 임정 요인들의 부푼 마음은 다시 5개월이 지나 발표된 1942년 〈3·1절 선언〉에 잘 나타나 있다.

3천만 동포와 26개국 동맹 민족에게 본 정부의 목적과 임무를 선포하노니, 우리 동포와 전 세계 인류는 광명의 신세계를 열어서 대한민국으로 하여금 전후戰後에 삼균제도를 실현할 수 있게 하기를 기원한다. … 그동안의 실패와 곤란은 과거의 일로 되어 버렸고, 승리와 행복은 눈앞에 다가왔다. 바라건대 우리 동포는 민족적 전통과 정기를 모아 적을 타도하고 나라를 찾기에 전진해야 한다.

3. 〈건국강령〉 실천을 위한 활동들

1940년 중경에 정착해서 당·정·군의 체제 정비를 마치고, 건국 구상을 담은 〈건국강령〉을 선포함으로써 복국의 제1기를 마무리 지은 대한민국임시정부의 다음 과제는 '일부 국토를 회복하고, 당·정·군의 기구가 국내로 옮기는 한편 국제적으로 공인받는' 복국의 제2기로 넘어가는 것이었다. 임정은 1941년 12월 8일 일본이 하와이 진주만에 있는 미국 해군기지를 공격함으로써 태평양전쟁이 발발하자, '복국 제2기'의 과제를 수행할 절호의 기회가 온 것으로 판단하고 이를 위한 다양한 활동을 시작했다.

일본이 강점하고 있는 조국의 국토를 회복하기 위해서는 일본과 전쟁을 벌여야 했다. 따라서 대한민국임시정부는 태평양전쟁이 발발한 지 이틀 뒤인 1941년 12월 10일 김구 주석과 조소앙 외무부장 명의로 일본에 대한 선전포고인 〈대한민국임시정부대일선전對日宣戰성명서〉를 발표했다.

1. 한국의 전체 인민은 현재 이미 반反침략 전선에 참가해 오고 있으며, 이제 하나의 전투단위로서 축심국軸心國에 전쟁을 선언한다.
2. 1910년 합방조약과 일체의 불평등조약이 무효이며, 아울러 반침략 국가가 한국에서 합리적으로 얻은 기득권익이 존중될 것임을 거듭 선포한다.
3. 한국과 중국 및 서태평양에서 왜구를 완전히 구축驅逐하기 위하여 최후의 승리를 거둘 때까지 혈전血戰한다.

대한민국임시정부의 대일對日 군사 활동은 먼저 동남아시아에서 일본군과 전쟁을 벌이고 있던 영국군과의 공동작전으로 나타났다. 임정 산하 광복군은 1943년 8월 9명으로 구성된 '인면(印緬:인도·버마) 전구공작대戰區工作隊'를 버마와 인도에 파견했다. 인도와 버마 전선에서 일본군과 전투 중이던 영국군이 일본어를 할 줄 아는 군사요원을 요청했기 때문이었다. 광복군

사진 **6** 1943년 8월 영국군의 요청으로 인도와 버마 전선에 투입된 '광복군 인면전구 공작대' 대원들이 태극기를 들고 영국군 장교와 함께 사진을 찍었다.

대원들은 캘커타에서 4개월 동안 교육을 받은 뒤 1944년 초 영국군에 배속돼 인도와 접경한 버마의 열대밀림 지역인 임팔 전선에 투입됐다. 중국 대륙에서 일본군과 전쟁 중인 중국군에게 미국과 영국 등 연합국이 물자를 공급하는 통로인 '버마 공로公路'를 둘러싼 영국군과 일본군의 치열한 전투 현장에서 광복군 공작대는 대적對敵 방송, 문서 번역, 전단 제작, 포로 신문 등 선전공작宣傳工作을 담당했다. 또 영국군이 버마 탈환 작전에 들어가자 광복군 대원들은 일본군과의 전투에도 직접 참가했다. 영국군은 광복군 공작대의 활동을 높이 평가했다. 광복군 인도·버마 전구공작대는 일본이 제2차 세계대전에서 패망하자 1945년 9월 10일 중경의 광복군 총사령부로 복귀했다.

영국군과의 공동작전을 통해 연합국의 신뢰를 얻은 임정과 광복군은 건국강령에서 복국 제2기의 첫 번째 과제로 설정한 '일부 국토의 회복'을 위한 군사 활동에 들어갔다. 이는 중국에서 활동하고 있던 미국 전략첩보기구 OSS(Office of Strategic Services·CIA의 전신)와 합작하여 국내 진입작전을 전개하는 형태로 추진됐다. 임정 군무부는 1944년 4월 임시의정원에 제출한 활동계획 보고서에서 "태평양 방면에서 미국과 합작하여 한국과 일본 본토에서 지하공작을 전개한다"고 밝혔다. 동북아에서 한반도의 전략적 가치를 높이 평가하고 있던 OSS는 한반도를 대상으로 한 첩보활동에 광복군을 이용하려고 했다.

광복군과 OSS는 1945년 초 협의를 통해 광복군 대원들에게 OSS의 특수훈련을 시킨 뒤 한반도에 진입시켜 적敵 후방 공작을 벌이기로 결정했다. '독수리 작전(The Eagle Project)'란 이름이 붙은 이 계획은 1945년 4월 OSS의 실무 담당자인 싸전트 대위가 임정 청사를 방문해 김구 주석, 지청천 광복군총사령과 협의한 뒤 최종 승인됐다. 1945년 5월부터 광복군 제2지대 대원들은 서안에서, 제3지대 대원들은 안휘성 입황立煌에서 각각 3개월 과정의 OSS 특수훈련을 받았다. 1945년 8월 4일

사진 7 1945년 8월 초 중국 서안에서 광복군의 국내 진입 작전을 협의하기 위해 만난 대한민국임시정부 김구 주석과 미국 OSS 중국 책임자 도노반 소장.

제1기생들의 훈련이 끝났고, 8월 5일 김구와 지청천은 서안으로 가서 OSS 중국 책임자인 도노반 소장 등과 국내 진입작전을 협의했다. 김구는 자서전인 《백범일지》에서 임정과 OSS가 공동 추진한 국내진입 작전을 다음과 같이 설명했다.

> 서안 훈련소와 부양 훈련소에서 훈련받은 우리 청년들을 조직적·계획적으로 각종 비밀무기와 무전기를 휴대시켜 산동반도에서 미국 잠수함에 태워 본국으로 잠입케 하여, 국내 요소에서 각종 공작을 개시하여 인심을 선동하게 하고, 전신으로 통지하여 무기를 비행기로 운반하여 사용할 것을 미국 육군성과 긴밀히 합작하였다.

그러나 이 협의를 마친 직후인 1945년 8월 10일 일본이 무조건 항복하기로 했다는 소식이 전해지면서 광복군의 국내진입 작전은 실현되지 못했다. 뜻밖의 상황 변화에 직면한 임정과 광복군 수뇌부는 OSS 훈련을 받은 광복군 제2지대원들을 국내에 정진대挺進隊로 파견하기로 결정했다. 정진대의 일원으로 선발됐던 김준엽 전 고려대 총장은 회고록 《장정長征》에서 정진대 파견을 "광복군을 국내에 진입시켜 미군의 협력을 얻어 일본군의 무장을 해제하고 치안을 유지하여 건국의 기틀을 다지도록 하기 위한 조치"였다고 설명했다. 이는 임정의 입장에

사진 **8** 일본이 항복한 뒤 국내에 정진대로 파견된 광복군 제2지대
청년장교들. 왼쪽부터 노능서·김준엽·장준하.

제1장 대한민국임시정부, 건국준비를 본격화하다

서는 '일부 국토를 회복하고 당·정·군의 기구를 국내로 옮기는' 복국 제2기의 과제를 일본의 항복에도 불구하고 당초 계획대로 실천에 옮기려는 결정이었다.

한반도에 활동 기반을 구축하고 싶었던 OSS는 광복군의 결정에 동의했다. 광복군 제2지대장 이범석과 대원 김준엽·장준하·노능서로 구성된 광복군 정진대와 OSS 한반도 작전팀은 1945년 8월 16일 새벽 서안을 출발하여 한반도로 향했다. 하지만 비행기가 산동반도에 이르렀을 때 일본군과 미군 사이에 여전히 전투가 계속되고 있다는 소식이 전해졌다. 결국 비행기는 방향을 돌려 서안으로 돌아왔다. 1945년 8월 18일 새벽 다시 서안을 출발한 광복군 정진대 일행은 정오 무렵 서울의 여의도 비행장에 착륙했다. 하지만 무장한 일본군이 이들을 포위하고 탱크와 박격포 등으로 위협하며 돌아갈 것을 종용했다. 결국 이들은 28시간 만인 1945년 8월 19일 오후 4시 여의도 비행장을 이륙하여 서안으로 귀환했다. 이로써 건국강령에 밝혔던 복국 제2기의 과제 가운데 '일부 국토를 회복하고 당·정·군의 기구가 국내로 옮기는 것'의 실현은 무산되고 말았다.

복국 제2기의 또 하나 과제는 '국제적 지위를 본질적으로 취득함에 충족한 조건'을 갖추는 것이었다. 이는 현실적으로는 임정이 강대국들과 국제사회의 승인을 받는 일이었다. 이를 위한 임정의 외교 활동은 중국과 미국 등 일본과 전쟁을 벌이고 있던 연합국들에 집중됐다.

임정은 1919년 상해에서 수립된 직후부터 중국을 상대로 외교활동을 전개했다. 특히 1932년 윤봉길 의거가 발발한 뒤 중국인과 중국 정부의 한국인에 대한 인식이 크게 좋아졌고, 국민당과 임정 사이에 연락통로가 개설됐다. 중국 국민당은 임정을 재정적으로 지원하고 광복군 창설을 승인하는 등 물심양면으로 도왔다. 이에 고무된 임정은 중경에 정착한 뒤 중국 정부에 공식 승인을 요청했다.

하지만 중국 정부는 임정을 공식적으로 승인하지는 않았다. 미국을 비롯한 연합국들이 임정을 승인하지 않겠다는 입장이었기 때문이었다. 중국 정부의 한국 담당자들은 장개석 총통을 비롯한 수뇌부에 임정 승인을 건의했지만, 미국과의 외교 교섭에서 '임정 승인 불가'라는 미국 정부의 방침을 확인한 중국 정부는 중국이 독자적으로 임정을 승인하기는 어렵다고 밝혔다.

그래서 임정은 미국을 상대로 승인 활동을 전개했다. 1941년 6월 워싱턴에 주미駐美 외교위원부를 설치하고 위원장에 이승만을 선임했다. 이어 이승만을 오늘날의 주미대사에 해당하는 주차駐箚워싱턴전권대표全權代表에 임명했다. 이승만은 미국 국무부와 접촉하는 한편, 한국에 우호적인 미국인들로 '한미협회(The Korean-American Council)' '기독교인친한회(親韓會·The Christian Friends of Korea)' 등을 조직하고 이들을 앞세워 임정 승인 활동을 벌였다. 이런 활동에 따라 미국 상·하원이 임정 승인을 촉구하는 결의안을 채택했다. 또 임정은 중경 주재 미국대사와 교섭하는 등 임정 승인을 위한 외교 활동을 직접 벌이기도 했다. 하지만 1943년 무렵부터 제2차 세계대전이 끝나면 한반도를 국제 공동관리 아래 두겠다는 방침을 세운 미국정부는 임정 승인이 상황의 혼란을 초래할 수 있다고 보고 이를 받아들이지 않았다.

THE PROVISIONAL GOVERNMENT OF THE REPUBLIC OF KOREA

CABLE ADDRESS
COPOGO

194

信任狀

昔에 大韓民國臨時政府國務會議의 決議로써 現駐美外交委員長哲學博士 李承晚으로 駐劄委員代表를 退任하야 北美合衆國으로부터 韓美外交

大韓民國臨時政府
主席 金九
外務部長 趙素昂

사진 9 대한민국임시정부 주미駐美 외교위원장 이승만을 주차워싱턴전권대표에 임명해 대미 외교 책임자로 선임한다는 신임장.

제2차 세계대전이 막바지에 접어든 1945년 4월 25일 미국 샌프란시스코에서 미·영·중·소 등 강대국을 비롯한 연합국 50개국이 모이는 국제회의가 열렸다. 전후戰後 세계질서와 국제연합(UN) 창설을 논의하기 위한 회의였다. 샌프란시스코 회의 개최 소식을 들은 임정은 주미외교위원부를 중심으로 대표단

10 주미외교위원장 시절의 이승만 모습

을 파견하기로 했다. 이승만 주미외교위원장을 단장으로 하는
9명의 대표단이 구성됐고, 중경에서도 김규식 부주석과 조소앙
외교부장이 합류하기로 됐다. 그리고 '1945년 3월 1일 이전에
독일에 대해 선전포고를 한 나라만 참석할 수 있다'는 샌프란
시스코 회의 참가 조건을 충족하기 위해 1945년 2월 28일자로
〈대덕(對德·독일) 선전포고〉를 발표했다. 하지만 김규식과 조
소앙은 미국 정부가 비자 발급을 지연시키는 바람에 샌프란시

스코로 출발하지 못했다. 이승만 등 주미외교위원부 대표단은 샌프란시스코에 도착했지만 임정이 국제적으로 승인받지 못했다는 이유로 샌프란시스코 회의 참석을 거부당했다.

결국 임정의 국제적 승인을 가로막은 가장 큰 장애물은 종전 후 한반도를 국제 공동관리 아래 두겠다는 미국의 방침이었다. 미국은 1942년 무렵부터 '한반도 국제 공동관리' 방안을 검토하기 시작했고, 1943년 3월 루스벨트 미국 대통령이 이든 영국 외상을 만났을 때 이런 방침을 밝히면서 영국의 동의를 받았다. 이를 알게 된 임정은 외무부장 조소앙 명의로 한반도 국제 공동관리에 찬성할 수 없으며 절대독립을 요구한다는 성명서를 발표했고, 긴급 국무회의에서 반대 입장을 밝히는 결의문도 채택했다. 이어 1943년 5월 10일 중경에서 활동하는 한인 정당 및 단체들은 '재중在中 자유한인대회'를 개최하고 "우리는 완전 독립을 요구하며, 소위 국제감호國際監護나 다른 어떠한 형식의 외래 간섭도 반대한다"는 결의문을 발표했다. 이들은 또 〈각 동맹국 원수들에게 보내는 전문電文〉에서 "우리 민족이 대일對日작전의 주요한 역량이 된다는 것을 인정하고 적극적인 물자의 원조와 임시정부의 국제 합법적 지위를 승인해 줄 것"을 요청했다.

한반도의 장래 운명을 결정짓게 될 국제 공동관리 문제의 해결이 임정의 최대 과제로 떠오른 상황에서 미·영·중의 정상이 1943년 11월 이집트의 카이로에서 회담을 갖는다는 소식이 들려왔다. 임정은 카이로 회담에 참가하는 중국의 장개석 총통에게 이 문제의 해결을 부탁하기로 했다. 1943년 7월 26일 김구 주석, 조소앙 외무부장, 김규식 선전부장, 지청천 광복군총사령, 김원봉 광복군부사령 등 임정 수뇌부는 장개석을 면담했다. 장개석은 한반도의 국제 공동관리를 주장하는 미·영의 주장에 중국이 현혹되지 말고 한국의 완전독립을 관철해 달라는 임정의 요청을 흔쾌히 받아들였다.

카이로 회담에서 장개석은 한국의 독립을 약속하자고 제안했다. 인도 등 방대한 식민지를 갖고 있던 영국의 처칠 총리는 한국의 즉시 독립이 영국 식민지에 미칠 영향을 우려하여 이에 반대했다. 태평양전쟁의 승리를 위해서는 장개석의 요청을 거절하기 어려웠던 미국의 루스벨트 대통령은 한국의 조건부 독립안을 제시했다. 미국 실무진이 당초 마련한 선언문에는 조건부에 해당하는 문구가 '가장 조속한 가능한 시일 내에(at the earliest possible moment)'로 돼 있었다. 루스벨트가 이를 '적당한 시기에(at the proper moment)'로 고쳤고, 처칠이 다시 '적절한 절차를 거쳐(in due course)'로 수정했다. 1943년 12월 1일 발표된 카이로 선언은 "3대 연합국은 한국 민중의 노예 상태에 유의하여 적절한 절차를 거쳐 한국이 자유롭게 되고 독립하게 될 것을 결의했다."고 밝혔다.

카이로 선언을 보도한 중국의 신문과 방송은 'in due course'를 '당연한 순서'라고 번역했다. 하지만 임정은 선언문을 검토한 결과 이 문구에 '신탁통치'의 의미가 담겨 있다고 결론 내렸다. 김구 주석은 1943년 12월 5일 기자회견에서 "우리는 당연한 순서라는 말을 어떻게 해석하든지 그 표시를 좋아하지 않는다. 우리는 반드시 일본이 붕괴되는 그때에 독립되어야 할 것이다. 그렇지 않으면 우리의 싸움은 계속될 것이다. 이것은 우리의 변할 수 없는 목적이다."라고 밝혔다.

결국 임정은 〈건국강령〉에서 복국 제2기의 또 하나 중요 과제로 설정했던 '국제적 지위를 본질적으로 취득함에 충족한 조건'도 달성할 수 없었다. '일부 국토의 회복'과 '국제적 승인'이라는 복국 제2기의 양대 과제가 모두 미완으로 남은 것이었다. 임정은 복국 제2기의 초입에서 더 이상 나아가지 못한 상태에서 해방을 맞았다.

2

한국 전후로
격동이 이어지다

1. 환국 방침을 둘러싼 논쟁과 '당면정책' 발표

　일본의 패전은 갑작스럽게 다가왔다. 일본군은 1942년 6월 미드웨이 해전에서 미군에 대패한 뒤 태평양 지역의 제해권과 제공권을 상실하고 점령했던 지역을 차례로 내주면서 패색이 짙어졌지만 '결사항전'을 부르짖고 있었기 때문에 최종 항복까지는 시간이 걸릴 것으로 예상됐다. 미군은 1945년 3월 오키나와를 점령한 뒤에도 일본 본토 공격은 1945년 말 시작돼 1946년 후반이 돼야 전쟁이 끝날 것으로 보았다. 하지만 1945년 8월 6일과 9일 일본 히로시마와 나가사키에 투하된 원자폭탄은 일거에 전쟁을 종식시켰다. 핵무기의 가공할 위력에 놀란 일본 정부는 1945년 8월 10일 '무조건 항복' 의사를 스위스 제네바에 있는 국제연맹 본부에 전했다.

　임정 요인들이 일본의 항복 소식을 처음 들은 것도 같은 날이었다. 앞서 언급한 것처럼 당시 임정은 미국 OSS와 공동으로 국내진입 작전을 실시하기로 했고, 이를 위해 미군이 광복군 대원들을 서안 근교에서 훈련시키고 있었다. 이들을 격려하기 위해 서안을 찾았던 김구 주석과 지청천 광복군총사령은 섬서성 주석 축소주祝紹周 장군의 만찬 초대를 받았다. 서안 현지의 광복군 책임자인 이범석 제2지대장과 함께 참석한 만찬장에서 김구 주석 일행은 장개석 총통의 전화를 받은 축소주로부터 일본이 곧 항복한다는 소식을 전해 들었다.

1945년 8월 15일 일제가 공식적으로 연합국에 항복한 뒤 중경의 대한민국임시정부에서는 임정의 향후 진로를 놓고 거센 논쟁이 벌어졌다. 1945년 8월 17일 열린 제39차 임시의정원 회의에서 조선민족혁명당, 신한민주당, 조선민족해방동맹 등 야당 의원들은 임정의 전면 개편과 국무위원 총사직을 요구했다. 이들은 임정이 3·1운동의 성과로 민족대표들의 위임을 받아서 수립됐지만 정부 운영과 독립운동 과정에서 심각한 과오를 범했기 때문에 현 내각은 스스로 해산하고 독립국가의 정부 수립에 부담을 주지 말아야 한다고 주장했다. 김원봉 등 임시의정원 의원 20명이 국무위원 총사직을 요구하며 제출한 제안서에는 이들의 입장이 잘 나타나 있다.

전국 인민의 의지에 의한 전국통일적 임시정부로 자처하여 인민 의지 상에 군림하는 태도를 취한다면 정부의 형식은 그 아래서 생활하고 있는 인민의 자유의지에 의하여 결택決擇케 한다는 대서

양헌장, 얄타선언, 연합국헌장 등의 정신에 위배될 뿐 아니라 미국 국무원의 성명한 바와 같이 국내 인민이 자기의 이상하는 정부와 그 인물을 선택하는데 지장이 될 것은 명백한 일이다. … 이러한 일이 발생하는 것을 방지하며 인민의 자유의지를 충분히 발동키 위하여 … 현 국무위원회는 총사직하고 간수看守 내각을 조직하여 박절迫切한 일체 사무를 관리케 하는 것이 타당하다.

임시의정원 회의에서 임정 지도부는 이들의 주장에 반대하는 입장을 표명했다. 부주석 김규식과 외무부장 조소앙은 이들의 주장을 다음과 같이 반박했다.

(김규식) 여러분이 오해가 있는 것 같아요. 우리가 잘되든지 못되든지 3.1 이후 13도 대표가 임정臨政을 조직하고 해외로 내보내었어요. … 사명 잘 이행 여부는 딴 문제이고 위임 맡은 것만은 사실입니다. 그러면 지금 일본은 물리쳤다 말입니다. 그러면 조선은 물론 정권이 생기게 될 터인데 아직 생기기 전에 잘됐든 못됐든 맡았던 정권을 돌린다는 것입니다. 정권 갖다 바치기 위하야 입국하자는 것이지 정부를 가지고 가서 내란內亂을 일으키자는 것이 아니예요. … 국무회의 할 때에 국무위원은 다 사직할 생각이 많아요. 그러나 한 가지 곤란한 것은 즉 정권을 어디다 갖다 주고야 자살을 하든지 사직을 하든지 해야겠답니다.

(조소앙) 나도 얘기 좀 합시다. 지금은 탄핵과 불신임안을 내놓는 때가 아니다 입니다. 지금 그리 말함은 조선 나가기 전에 여기서 내란범內亂犯을 짓게 되는 것입니다. 정부로서 내란죄 당한 일 없습니다. … 과거의 범죄를 말하지만 죄진 것 없습니다. 왜 이리 야단들이오.

결국 임시의정원은 서안에 가 있는 김구 주석 일행이 돌아온 뒤에 다시 이 문제를 논의하기로 했다. 1945년 8월 21일 중경으로 돌아온 김구는 임시의정원에 출석해 임정 내각 총사직에 단호한 반대 입장을 밝혔다.

어제 국무회의에서 그간 (임시의정)원에서 총사직 문제가 났는데 그 문제로 말이 많다가 수장首長이 돌아온 다음 결정하겠다 하였다는데 나는 말 분명하다 하였습니다. 그런데 지금 원한다면 말씀하지요. 지금 이 우리 임시정부는 기미년 3월 1일에 본토인 국내에서 혈血을 흘린 결과로 13도 대표가 모여 임시정부를 조직하였는데 너무 압박이 심한 고로 상해에 조직하게 된 것입니다. 그후 20여 년 간을 노력하여 왔습니다. 비록 우리 손으로 왜놈을 거꾸러뜨리지는 못하여 유감이라 할지나 오늘날 중경에 와서 퍽 정신상으로나 질質로 양量으로 전에 비하여 진보되었다고 봅니다. 지금 국무위원들로 보면 다 연고덕숭年高德崇한 이들입니다. …

하여튼 이 시기에 총사직은 불가不可합니다. 총총하고 일이 많고 보따리 쌀 이때에 총사직 문제 나는 것은 불가하다고 말합니다.

임정의 주도 세력인 김구를 비롯한 국무위원들과 한독당 소속 임시의정원 의원들이 내각 총사직을 받아들이지 않자 조선민족혁명당, 신한민주당, 조선민족해방동맹 등 비주류 정당 의원들은 회의 불참을 선언하면서 퇴장해버렸다. 이후 임시의 정원은 무기휴회 상태에 들어갔고 기능이 사실상 정지되고 말았다.

일제 패망 직후 터져 나온 임정의 이런 분열상은 통합임정 출범 이래 누적돼 온 갈등의 결과였다. 조선민족혁명당은 1935년 7월 발족 이후 임정에 관여하지 않는 입장을 취해왔다. 그러다가 임정과 연합하지 않으면 재정지원을 중단하겠다는 중국 국민당 정부의 압력 때문에 1941년 말 임정 참여로 입장을 바꾸면서 '임정 개조'를 명분으로 내걸었다. 임정을 확대 개편하여 명실상부한 독립운동의 최고 지휘부로 개조하기 위해 임정에 들어간다는 주장이었다. 그래서 이들은 임정에 참여한 뒤 군소당파들을 규합하여 임정 주류인 한국독립당을 견제하는 활동을 벌였다. 이들이 주장하는 '임정 개조'는 대한민국임시약헌 개정과 연립내각 구성을 통해 부분적으로 달성됐지만 이들 몫으로 돌아온 부주석(김규식)과 군무부장(김원봉) 등은 실권이 없는 자리여서 조선민족혁명당의 불만은 해소되지 않았다.

1945년 2월 한국독립당과 조선민족혁명당의 이탈 세력이 '신한민주당'을 결성하면서 임정의 상황은 더욱 복잡해졌다. 한독당에서는 '임정 개조' 주장에 호응하던 홍진·최동오·유동열·김붕준 등이 1943년 말부터 잇달아 탈당했고, 민혁당에서도 김원봉을 중심으로 한 의열단 系의 독주에 불만을 품던 인사들이 이탈했다. 신한민주당은 한독당과 민혁당 이탈자뿐 아니라 무소속 인사까지 흡수하여 임시의정원에서 제2당의 위치에 올라섰다. 해방 직전 임시의정원의 의석 분포는 한독당 23석, 신한민주당 12석, 민혁당 9석, 조선민족해방동맹 3석, 조선무정부주의자연맹 2석이었다.

신한민주당은 독립운동과 신국가 건설 과정에서 임정의 독점적 지위를 인정하지 않았다. 이들은 창립선언문에서 독립운동 기간 중에는 국내외 민주집단의 대표들로 구성된 '독립운동자대표대회'를 거쳐 모든 문제가 결정되어야 하고, 해방 후의 국가 건설 과제는 전국의 인민이 자유·평등·비밀투표 방식에 의해 선출하는 대표들로 조직된 '국민대표회의'를 통해 해결해야 한다고 주장했다.

신한민주당은 1945년 4월 11일 개최된 임시의정원 제38차 정기의회에서 독립운동자대표대회 소집 문제를 정식으로 제기했다. 일제의 패망과 조국의 해방이 점차 가시화되는 상황에서 임정이 다른 해외 독립운동 세력들과의 연대·통일을 위한 방안을 모색해야 한다는 주장이었다. 이 문제를 놓고 갑론을박이 벌어졌다. 신한민주당과 조선민족혁명당은 미주·소련 지역의 독립운동 세력을 독립운동자대표대회에 참여시켜 중경에 기반을 두고 있는 한독당의 영향력을 약화시키려고 했다. 반면 한독당은 자기 당을 중심으로 임정을 확대 강화하고 이를 바탕으로 임정이 국제적 승인을 얻는 방안을 추진했다.

일제 패망 직후 임시의정원에서 벌어진 국무위원 총사직 논란은 그 직전에 전개됐던 이런 갈등의 연장선에 있었다. 결국 임시정부는 임시의정원이 파행에 빠진 뒤 국무위원회를 열고 신한민주당 등의 주장을 일부 수용하여 환국하는 대로 독립운동자대표대회를 개최하고 임시정부를 폭넓게 확대 개편한다는 방침을 정했다.

임정은 1945년 9월 3일 김구 주석 명의로 해방 상황에 대한 임정의 입장과 당면정책을 담은 〈국내외 동포에게 고함〉이란 성명서를 발표했다. 성명서는 먼저 독립운동 과정에서 순국한 선열에 대한 추모와 일본을 물리치는 데 도움을 준 연합국에 대한 감사의 뜻을 밝혔다.

> 만일 허다한 우리 선열의 보귀寶貴한 열혈熱血의 대가와 중·미·소·영 등 동맹군의 영용英勇한 전공戰功이 없었으면 어찌 조국

11 대한민국임시정부가 일제 패망 직후인 1945년 9월 3일 발표한 〈국내외 동포에게 고함〉 성명서. 갑작스럽게 다가온 해방 상황에 대한 임정의 입장과 앞으로 추진할 당면정책을 담았다.

의 해방이 있을 수 있었으랴? 그러므로 우리가 조국의 독립을 안전眼前에 전망하고 있는 이때에 있어서는 마땅히 먼저 선열의 업적을 추상하야 만강滿腔의 경의를 올릴 것이며, 맹군盟軍의 위업을 선양하야 열렬한 사의謝意를 표할 것이다.

이어 해방된 당시의 역사적 성격을 밝혔다.

우리가 처한 현 단계는 건국강령에 명시한 바와 같이 건국의 시기로 들어가는 과도적 단계이다. 다시 말하면 복국의 임무를 아직 완전히 끝내지 못하고 건국의 초기가 개시되려는 단계이다(강조점은 필자).

　　임정은 해방 당시를 '건국의 시기로 이행하는 과도적 단계'로 규정했다. 이는 〈건국강령〉에 명시된 '복국'과 '건국'이라는 2단계 독립 과정의 어느 쪽에 속하는지가 분명하지 않은 표현이다. 〈건국강령〉에 따르면 복국은 '임정 체제 정비, 전투 개시→일부 국토 회복, 당·정·군 기구 국내 이전→국토의 완전 탈환, 각국 정부와 조약 체결'의 순서로 진행된다. 그리고 복국이 끝나면 중앙정부와 중앙의회가 만들어져 주권을 행사하는 건국 과정이 개시되는 것이다. 그런데 광복군이 국토 진공을 준비하는 상태에서 일본이 갑자기 항복하는 바람에 복국의 제2기, 제3기를 거치지 않고 바로 건국 단계로 넘어가는 상황이 발생했다. '복국의 임무를 아직 완전히 끝내지 못하고 건국의 초기가 개시되려는 단계'라는 규정은 이런 상황을 표현한 것이었다.

　　임정은 이런 상황 인식을 토대로 당장 실시해야 할 '당면정책'을 14개 항목으로 제시했다. 그 가운데 핵심적인 부분은 다음과 같다.

6. … 전국적 보선(普選·보통선거)에 의한 정식정권이 수립되기까지의 국내 과도정권을 수립하기 위하야 국내외 각 계층, 각 혁명당파, 각 종교집단, 각 지방대표와 저명한 각 민주영수民主領袖 회의를 소집하도록 적극 노력할 것.

7. 국내 과도정권이 수립된 즉시에 본 정부의 임무는 완료된 것으로 인認하고 본 정부의 일체 직능 급及 소유물건은 과도정권에게 교환交還할 것.

9. 국내 과도정권이 성립되기 전에는 국내 일체 질서와 대외 일체 관계를 본 정부가 부책負責 유지할 것.

임시정부가 중심이 돼 국내의 각 정치세력과 협력하여 과도정권을 수립하고, 이어 과도정권이 정식정권 수립을 담당한다는 단계적 정부 수립 구상이었다. 이는 국내외의 독립운동 세력들과 광범위하게 협력하여 독립운동자대표대회를 구성한다는 신한민주당 등의 입장을 수용한 결과였다. 그러면서도 과도정권이 수립될 때까지 임시정부가 정부 역할을 하고, 과도정권 수립도 임정이 주도하겠다는 입장을 분명히 했다. 임정이 환국 후 '임정의 정부 권한 행사→과도정권 수립→정식정권 수립'의 순서로 진행하면서 건국 작업에서 중심 역할을 하겠다는 것이었다.

'당면정책'에서 가장 중요한 조항은 과도정권 수립 방법을 규정한 제6항이었다. '국내외 각 계층, 각 혁명당파, 각 종교집단, 각 지방대표와 저명한 각 민주영수民主領袖 회의를 소집'하는 방안은 임정 안의 한독당과 반反한독당 세력이 모두 활용할 수 있는 양면의 칼과 같았다. '과도정권 수립 전까지는 임정이 정부 역할을 하겠다'는 제9항과 결합될 경우 이는 임정이 건국 작업을 주도하는 '임정법통론'으로 연결될 수 있었다. 하지만 제9항이 실현되지 않으면 임정은 껍데기만 남고 다른 독립운동 세력들이 주도하는 새로운 과도정부가 탄생하게 되는 것이었다.

결국 관건은 임정의 여당인 한국독립당이 앞으로 예상되는 험난한 상황에서 얼마나 정치적 역량을 발휘하느냐에 달려 있었다. 그래서 한독당은 예상보다 빨리 찾아온 해방 정국에서 건국 작업을 주도하기 위해 체제를 정비했다. 1945년 8월 21일 제5차 임시전당대표대회를 열고 조소앙·신익희 등이 기초한 새로운 당강黨綱과 당책黨策을 채택했다. 1940년 5월 통합 한국독립당이 출범할 당시 7개였던 당강은 5개로 줄였고, 당책은 7개에서 27개로 크게 늘렸다. 해방·환국·건국 등 급변하는 상황을 새로운 당강과 당책에 담은 것이었다. 한독당의 1940년과 1945년 당강은 각각 다음과 같다.

〈1940년〉

1. 국토와 주권을 완전 광복하여 대한민국을 건립할 것.
2. 우리 민족 생존의 기본조건인 국토·국권·국리國利를 적극 보위
   하며 고유한 문화와 역사를 발양할 것.
3. 보선제普選制를 실시하여 국민의 참정권을 평등히 하고, 성별·교
   파·계급 등의 차별 없이 헌법상 국민의 기본권리를 균등화할 것.
4. 토지와 대생산기관을 국유화하여 국민의 생활권을 균등화할 것.
5. 국민의 생활상 기본지식과 필수기능을 보급함에 충족한 의무교
   육을 국비로 실시하여 국민의 수학권을 균등화할 것.
6. 국방군을 편성하기 위하여 국민의 의무병역을 실시할 것.
7. 평등 호조의 우의로써 우리 국가 민족을 대우하는 국가 및 민
   족과 더불어 인류의 화평과 행복을 공동 촉진할 것.

〈1945년〉

1. 국가의 독립을 보위하며 민족의 문화를 발양할 것.
2. 계획 경제제도를 확립하야써 균등사회의 행복생활을 보장할 것.
3. 전민全民 정치기구를 건립하야써 민주공화의 국가체제를 완성
   할 것.
4. 국비 교육시설을 완비하야써 기본지식과 필수기능을 보급할 것.

5. 평등호조를 원칙으로 한 세계일가世界一家를 실현하도록 노력
  할 것.

  우선 최대 과제가 '국토와 주권의 완전 광복'에서 '국가의
독립 보위'로 바뀐 것이 눈에 띈다. 그리고 정치의 균등은 '보
통선거제 실시'에서 '전민 정치기구 건립'으로, 경제의 균등은
'토지와 대생산기관 국유화'에서 '계획 경제제도 확립'으로, 교
육의 균등은 '의무교육 국비 실시'에서 '국비 교육시설 완비'로
각각 표현이 정비됐다. 이는 독립운동 시기에 국가 운영의 기
본방침을 피력했던 데서 한 걸음 더 나아가 건국 시기에 어울
리게 국가가 채택할 구체적인 제도와 기구를 한층 명확히 한
것이었다.

  당책의 변화는 더욱 분명했다. 1940년 한국독립당의 당책이
독립운동과 임정·광복군 활동에 관한 항목이었던 것과 달리,
1945년의 당책은 정치·경제·교육·사회·국제관계 등에 걸쳐 환
국 후 세워질 국가가 실시할 정책을 세세하게 규정하고 있다.
본격화되고 있는 건국기의 행동강령을 구체적으로 제시한 것
이었다.

  임정의 야당이었던 조선민족혁명당과 신한민주당도 독자적
으로 과도정권 수립 구상을 구체화했다. 조선민족혁명당은 1945
년 10월 10일 제9차 전당대표대회에서 발표한 선언문과 '당면

정책' 등을 통해 임정이 민족해방운동의 영도기구로 충분한 역할을 수행하지 못했으며 연합국의 승인을 받지 못했음을 지적하고, 과도정부는 '국내외 민주당파와 민주영수를 총망라한 전국통일임시정부'로 수립해야 한다고 주장했다. 신한민주당은 1945년 12월 21일 전당대표대회에서 채택한 강령과 '당면정책'에서 '국내외 독립운동단체 대표와 반일反日 민주영수들을 망라한 민주통일정부 수립'을 과도정권 수립 방안으로 제시했다. 두 당은 과도정권 수립 과정에서 임정의 역할과 위상을 규정하지 않음으로써 임정의 기득권을 내세우지 않았다. 임정의 비주류인 자신들은 주류인 한국독립당과 달리 '임정법통론'에 연연하지 않는다는 사실을 보여준 것이었다.

임정은 해방의 역사적 의의를 밝히고, 앞으로의 당면과제에 대한 입장을 표명한 뒤 환국 준비를 서둘렀다. 국내에서도 정치지도자들이 임정의 조속한 귀환을 촉구했다. 오세창·김성수 등 648명은 1945년 9월 7일 대한민국임시정부에 대한 지지와 환국을 촉구하는 국민대회준비회를 발족시켰다. 김구 주석은 1945년 9월 26일 장개석 총통을 만나서, 중국이 미국과 교섭하여 임정 요인들을 비행기로 귀국시켜 줄 것을 요청했다. 조소앙 외무부장 등은 주중駐中미국대사관, 중국전구戰區미군사령부 등과 접촉하며 "임정이 한국에 진주한 미군에 적극 협력할 테니 미국이 임정을 승인하고 국내에 들어가 정부로서 활동할 수 있게 도와 달라"고 요청했다.

　미국은 임정의 이 같은 요청에 대해 "미국이 임정을 승인하지 않았기 때문에 임정이 정부 자격으로 귀국하는 것은 허용할 수 없지만 개인 자격의 입국에는 협조 하겠다"는 방침을 밝혔다. 도쿄에 주재하는 맥아더 연합군총사령관은 1945년 10월 8일 임정 요인들의 환국을 승인했다. 하지만 미국은 임정 요인들에게 개인 자격으로 귀국한다는 각서를 요구했다.

　미국이 요구하는 각서의 제출 여부를 토론하기 위해 열린 국무회의에서 임정 요인들 사이에 격론이 벌어졌다. 당시 임정 국무위원이었던 조경한은 훗날 회고록에서 이때의 상황을 다음과 같이 적었다.

　　그리하여 국무회의가 열렸다. 분하고 기막힌 정서는 누구나 일반이었다. "모욕적인 싸인을 말고 이대로 귀국하지 않고 있다가 미군정이 철수한 뒤에 들어가도 늦지 않다"고 주장하는 일부 인사도 있었으나 "싸인은 물론 모욕이나 우리의 정세가 어서 들어가서 국가의 일대 혼란을 만분지일이라도 바로잡아 줄 의무가 있는 것이다. 형식은 기관이 아닌 개인이라고 싸인을 해 줄지라도 어디까지나 들어가기 위한 임기응변의 권변과 방편에 불과한 것인데 기관을 운영한 전원이 들어가는 마당에 어찌 기관이 아니라고 보며 기관의 권력 발동에 있어서도 이미 정권을 국민에게 봉환키로 결정한 바 있으니 기회 보아서 국민대표회의를 열어 봉환에 대한 절차를 준비하는 것이 옳을 것이다. 권변權變으로 싸인을 해 주고 보자"는 이론이 압도적이어서 싸인해 주기로 가결하였다.

(《백강白岡회고록》, 368쪽)

이 회의에서 열띤 논의가 오고 간 또 하나의 문제는 임정 내부의 여러 정당들이 환국 후 함께 움직일 것인가, 아니면 각자 행동할 것인가였다. 대한민국임시정부는 1942년 좌·우 통합 이후 여당인 한국독립당뿐 아니라 여러 정당들이 국무원과 집행부, 임시의정원에 참여하는 연립정부였다. 앞서 살펴본 대로 이들 정당은 연립정부 출범 후에도 임정 운영을 둘러싸고 경쟁을 벌였으며, 해방 후 환국을 앞두고도 임정의 앞으로 위상과 활동 방향을 놓고 대립했다. 따라서 환국 후 각자도생各自圖生을 모색하면서 갈등할 가능성이 많았다. 하지만 국내에 제대로 기반을 갖지 못한 이들 정당은 국내외에서 모여드는 다른 정치세력들과 경쟁하는 데 정당이나 당파별로 활동하는 것보다 임정 전체로서 움직이는 것이 유리하다는 데 인식을 같이했다. 손세일은 저서 《이승만과 김구》(일조각, 1970)에서 당시 상황을 "정치적 성격이 각각 다른 세력 간의 연립체제였던 임시정부는 귀국에 앞서 김구의 제의에 따라 입국해서 정부가 서기까지는 '당黨의 보따리를 풀지 않기로' 합의했다."고 썼다.

임정 국무위원이었던 조경한은 훗날 자서전에서 이날 국무회의에서 "입국 후 각 당의 활동은 보류하기로 합의했다"고 증언했다.

겸하여 가결된 중요 안건이 하나 있었다. 뭐냐 하면 "국내가 이처럼 혼란하여 임시정부의 귀국을 갈망하는 이때 우리 정부의 연립한 각료들이 혼연일치되어야 한다. 그러기 위해서는 입국 즉시 각 당黨의 발동은 당분간 보류하고 정부의 대변인 한 사람을 선정하여 공적으로 대변케 하되 기타 사람은 사적 발언 외에는 공적 발언은 자율적으로 제약할 것"을 약속하고 대변인은 조소앙 옹으로 선정하였던 것이다.　　　　　(《백강白岡회고록》, 368쪽)

사상과 정치적 이해관계를 달리하는 임정 요인들이 이렇게 합의하게 된 배경은 조경한의 다음과 같은 회고에 잘 나타나 있다. 그는 임정 요인 환국 제2진으로 1945년 11월 29일 군산에 착륙한 뒤 함께 돌아온 임정 요인들에게 다음과 같이 말했다고 한다.

"지금 우리 연합집단이 백白·적赤·흑黑 3색인데, 적赤측의 김원봉·장건상·김성숙이 중국에 있어서 적색영수赤色領袖라는 자존심을 아무리 가져보아도 국내에 뿌리박힌 것 없고 외국의 밀어주는 배경이 없으니만큼 소련 배경을 짊어진 김일성이나 국내에 반근착절盤根錯節한 집단을 가진 박헌영이 와서 추대하거나 복종하기는커녕 동일한 급수로 대우하여 통일당이나 연합단체의 같은 영수로 받아들일 리 만무한 대신, 혹 저급으로 예속될 수는 있을 것이나 그러다가 좀 불여의하면 본시 자체안의 숙청 살육을 잘하는 적색 근성이 가만둘 리 있겠나? ··· 그리고 흑黑색으로 말하더라도 본시 극단의 자유주의이기 때문에 너무 산만해서 형식상 뚜렷한 조직은 없지만 그래도 지역을 따라 끼리끼리 융합에 있어서 타지역의 끼리들과 사이에서 서로 시기·불화·살육이 간혹 발생하거니와 지금 국내에서도 상당수의 뿌리박힌 도당이 많이 있는바 만약 월파(月波·유림의 아호)가 임정을 떠나 단독으로 그들을 지도하려 한다면 해외에서 표류하던 고독한 신세를 결코 환영 추대할 수 없을 것이오. 그리고 백白색으로 말한다면 적·흑색보다 판이하지 않는가? 국내 절대 다수인 백색이 자기네의 현재 환경이나 의리로나 절대적 해외 백색을 환영 옹대할 셈인데 준수한 양심분자들과 제휴하여 기반을 튼튼하게 건축할 수 있을게 아닌가? 3색의 정세가 대개 이러하니 우리가 공동기구인 임정으로서 난마 같은 이 정국을 수습 조화시켜 통일국가 건립의 교량적 예비공작을 하여야 되겠고 그러기 위해서는 서로가 이해하고 더욱 굳은 단결의 힘을 기우려야 되지 않겠소. 또는 적·흑색 각자의 사적 활동의 발전 방편으로서도 공고한 임정 지반을 배경으로 이용하는 데서 각자의 동색同色 사회와 단체 간에 절충 타협의 수확이 크리라고 난

사진 12 대한민국임시정부 요인들이 환국을 앞둔 1945년 11월 3일 중경 임정 청사 앞에서 기념 촬영을 했다.

단정하오." 했더니 유림이 "말은 모두 근리近理한 소리야…" 하면
서 껄껄댄다. 성숙 역시 내 말을 어느 정도 긍정한 모양이다. "그
래! 그럴 수 있는 말이며…" … 원봉은 깊은 침묵 속에서 머리만
고덕고덕한다.   (《백강회고록》, 385~386쪽)

임정과 중국·미국 정부를 오가는 협상 끝에 임정의 환국에
대한 합의가 이뤄졌다. 중경에서 상해까지의 항공편은 중국 정
부가, 상해에서 서울까지의 항공편은 미국 정부가 각각 제공하
기로 했다.

환국을 앞둔 1945년 11월 3일 김구 주석을 비롯한 임정 요
인들은 중경의 대한민국임시정부 청사 앞에서 기념촬영을 했
다. 말끔한 정장을 차려 입고 손에 태극기를 든 채 줄지어 서
있는 임정 요인들의 표정은 오랫동안의 고난을 이겨낸 기쁨과
미래에 대한 기대가 잘 드러나 있다. 이튿날인 1945년 11월 4
일 중국 국민당 정부는 장개석 총통과 풍옥상 군사위원회 부
위원장 등이 참석한 가운데 떠나는 임정 요인들에게 성대한
환송연을 열어 주었다.

1945년 11월 3일과 4일 임정 요인들은 함께 커다란 종이에
환국을 기념하는 휘호를 써서 담았다, 김구 주석은 그가 즐겨
쓰던 '뜻이 있는 사람에게는 일이 반드시 이뤄진다(有志者事竟
成)'라는 글씨를 남겼다. 조소앙 외무부장은 '나라를 위하여 노

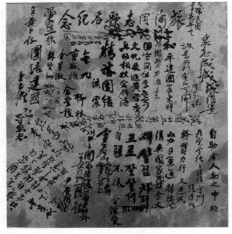

사진 **13** 임정 요인들이 환국을 기념하여 쓴 휘호 모음. '건국'이라는 단어가 유난히 눈에 많이 띈다.

력하자〔爲國努力〕'고 썼다. 조선민족혁명당 소속인 윤기섭 군무차장은 한글로 '새 살림 차리어 고로 잘살세'라고 적었다.

이 휘호 모음에는 '건국建國'이란 단어가 유난히 많이 눈에 띈다. 국무위원 황학수는 '건국을 반드시 이루자〔建國必成〕'고 적었다. 법무부장 최동오는 '평화롭게 건국하자〔和平建國〕'고 다짐했다. 문화부장 김상덕은 '뭉쳐서 건국하자〔團結建國〕'고 호소했다. 꿈에 그리던 잃었던 나라를 되찾은 뒤 새 나라 건설의 기대와 험난할 것으로 예상되는 건국 과정에 대한 우려, 그럼에도 불구하고 기필코 좋은 나라를 세우고 말겠다는 다짐 등이 복합적으로 드러나는 글귀들이었다.

1945년 11월 5일 김구 주석을 비롯한 임정 국무위원들은 중국 정부가 제공한 두 대의 비행기에 나눠 타고 중경 공항을 출발, 다섯 시간 만에 상해에 도착했다. 1932년 윤봉길 의거 직후 서둘러 떠난 지 13년 만에 다시 상해로 돌아온 것이었다. 상해 교민들의 열렬한 환영을 받은 임정 요인들은 미국 측과 환국 문제를 협의했다. 미국은 15명이 탈 수 있는 소형 비행기 한 대를 보내왔다. 결국 임정은 제1진과 제2진으로 나눠 환국하기로 했다. 김구 주석, 김규식 부주석, 이시영 국무위원, 엄항섭 선전부장, 김상덕 문화부장, 유동열 참모총장 등이 포함된 제1진은 1945년 11월 23일 상해 비행장을 떠나 그날 오후 4시 김포 비행장에 내렸다. 홍진 임시의정원 의장, 조성환·

 **14** 환국길에 중국 정부가 제공한 비행기를 타고 상해에 내린 임정 요인들이 현지 교민들의 환영을 받고 있다.

황학수·장건상·김붕준·성주식·유림·김성숙·조경한 국무위원, 조소앙 외무부장, 조완구 재무부장, 최동오 법무부장, 김원봉 군무부장, 신익희 내무부장 등 제2진은 1945년 12월 1일 상해를 출발하여 군산에 내렸고, 다음 날 서울로 올라왔다.

2. 환국 후 과도정권 수립을 추진하다

대한민국임시정부의 김구 주석은 서울에 도착한 다음 날인 1945년 11월 24일, 〈친애하는 동포들이여!〉라는 제목의 환국 성명을 발표했다.

27년간 꿈에도 잊지 못하던 조국강산을 다시 밟을 때 나의 흥분되는 정서는 형용하여 말할 수 없습니다. … 나와 나의 동료는 일개 시민의 자격으로 귀국하였습니다. 동포 여러분의 부탁을 받아가지고 노력한 결과에 이와 같이 여러분과 대면하게 되니 대단히 죄송합니다. 그러나 여러분은 나에게 벌을 주시지 아니하시고 도리어 열렬하게 환영해 주시니 감격한 눈물이 흐를 뿐입니다. 나와 나의 동지는 오직 통일된 독립자주의 민주국가를 완수하기 위하여 여생을 바칠 결심을 가지고 귀국하였습니다. 여러분은 조금도 가림 없이 심부름을 시켜주시기 간절히 바랍니다. 조국의 통일과 독립을 위하여 유익한 일이라면 불속이나 물속이라도 들어

가겠습니다.

우리는 미국과 중국의 도움으로 말미암아 여러분과 기쁘게 대면하게 되었습니다. 그러나 우리는 미구未久에는 또 소비에트의 도움으로 말미암아 북쪽의 동포도 기쁘게 대면할 것을 확신합니다. 여러분 우리 함께 이날을 기다립시다. 그리고 완전히 독립 자주하는 통일된 신민주 국가를 건설하기 위하여 공통 분투합시다.

그리고 같은 날 오후 1시 반 임정 요인들의 숙소이자 임정 집무실이 마련된 서울 서대문 죽첨장(경교장)에서 기자회견을 가졌다. "개인 자격으로 환국했다고 발표됐는데"라는 질문에 김구 주석은 "현재 군정이 실시되고 있는 관계로 대외적으로는 개인 자격이 될 것이나 우리 한국 사람의 입장으로 보면 임시정부가 환국한 것"이라고 대답했다. 이어 그날 밤 8시 서울중앙방송국을 통한 귀국 인사에서 김구 주석은 "친애하는 동포 여러분, 27년간이나 꿈에도 잊지 못하고 있던 조국강산에 발을 들여놓게 되니 감개무량합니다. 나와 각원閣員 일동은 한갓 평민의 자격을 가지고 들어왔습니다. 앞으로 전국 동포가 하나가 되어 우리의 국가 독립 시간을 최소한도로 단축시킵시다."라고 말했다. 임정 선전부장 엄항섭은 같은 날 기자회견에서 "임시정부라는 것은 3.1운동 때 전 인민의 피로 생긴 것으로 임시정부를 해체하고 안 하는 것은 인민이 결정할 바이다. 그러나

15 1진과 2진으로 나누어 환국한 대한민국임시정부 요인들이 1945년 12월 6일 임정 집무실이 자리 잡은 경교장에 모였다. 앞줄 가운데에 김구 주석이 있고, 그 왼쪽은 이시영, 오른쪽은 김규식과 조소앙이다.

해체를 강제할 성질의 것은 아니다."라고 말했다.

임시정부 입장에서는 비록 미군 측의 요구에 따라 임정 요인들이 개인 자격으로 귀국한다는 각서에 서명했지만, 이는 중경에서의 마지막 국무회의에서 논의된 것처럼 '임기응변의 방편'에 지나지 않았다. 임정은 환국 제2진이 서울에 도착하자 1945년 12월 3일 서울에서의 첫 번째 국무회의를 열었다. 이 자리에는 중경에서 돌아온 임정 요인들은 물론 먼저 환국해 있던 이승만도 임정 주미외교위원장 자격으로 참석했다.

이는 임정이 환국 후 정부로서 공식 활동을 재개한 것이었다. 당시 언론은 '임시정부 첫 국무회의' '정치정세 보고報告 교환'이라고 보도했다. 하루 종일 계속된 첫 국무회의가 끝난 뒤 임정 대변인인 조소앙 외무부장은 "금일 회의는 먼저 환국한 분이 뒤에 환국한 분에 대한 정치정세 보고를 주로 한 것으로 구체적 정치 문제는 결정한 것이 없다. 확고한 정치노선과 방침의 결정은 앞으로 전 각원閣員이 모여서 충분히 토의 연구한 후에 수립될 것이다."라고 발표했다.

임정이 환국하기 전 국내에서는 주요 정치세력들이 긴박하게 움직이고 있었다. 김구보다 40여 일 빠른 1945년 10월 16일 환국한 이승만은 범민족적인 추대 분위기에서 미군정과 손을 잡고 '독립촉성중앙협의회'(독촉중협)를 만들어 정국을 주도하고 있었다. 1945년 10월 23일 각 정당·사회단체 대표 200여 명이 모여 구성하기로 결의한 독립촉성중앙협의회는 회장에 이승만을 추대하고 좌·우익 정당과 사회단체를 망라한 민족통일전선을 지향했다.

독촉중협을 사실상 움직이는 이승만과 한국민주당은 하지 사령관 등 미군정의 암묵적인 지원을 받고 있었다. 한반도에 신탁통치를 실시하려는 미국 국무부의 방침에 불만을 품고 있었던 미군정 수뇌부들은 우익 정치세력들을 중심으로 하고 일부 좌익 정치세력을 가세시킨 '임시한국행정부'를 만들고, 이를 기반으로 과도정권을 수립해서 신탁통치를 무산시킨다는 구상을 세워놓고 있었다. 이승만·한민당과 미군정은 개인 자격으로 귀국한 임정 요인들이 임시한국행정부에 참여해서 명분을 강화해 주기를 바랐다.

임정은 고국에 돌아오자마자 독촉중협 참가를 요구받고 중대한 선택의 기로에 놓였다. 1945년 12월 3일 서울에서 열린 첫 임정 국무회의에 참가했던 이승만은 다시는 임정 회의에 모습을 나타내지 않았다. 김구 주석을 비롯한 임정 국무위원들은 각계각층의 의견을 수렴하는 한편 연일 회의를 갖고 향후 활동 방향과 대책을 논의했다. 이들은 일제 패망 직후 중경에서 발표했던 '당면정책'에서 표명한 대로 임정이 중심이 돼 민족통일전선과 정부 수립을 추진한다는 결론에 도달했다. 이승만·한민당과 미군정의 독촉중협 참여 요청을 거절한 것이었다.

1945년 12월 11~12일 김구·김규식·조소앙·신익희·홍진 등 임정의 핵심 지도부가 참가한 가운데 열린 축소회의는 임정 국무위원회 산하에 '특별정치위원회'를 조직해서 독자적으로 과도정권 수립을 추진하기로 결정했다. 1945년 12월 25일 발족한 특별정치위원회는 조소앙·김붕준·김성숙·최동오·장건상·유림·김원봉으로 구성됐다. 임정에 참여하고 있는 주요 정당들의 대표적 인물을 참여시킴으로써 국내의 좌·우익 진영과 적극적으로 합작하겠다는 의사를 분명히 했다.

임정이 독촉중협 참가를 거부함으로써 독촉중협을 임시한국 행정부의 모체母體로 만들려던 이승만·한민당과 미군정의 구상은 암초에 부딪쳤다. 그렇지 않아도 인민당과 조선공산당 등 주요 좌익 정당들은 독촉중협이 우익 일변도로 조직되고 운영되는 데 불만을 품고 이탈하고 있었다. 조경한·성주식·장건상 등 임정 국무위원들이 임정은 독촉중협과 협동할 필요가 없다고 주장하고, 조소앙마저 기자회견에서 임정과 독촉중협이 무관함을 강조하면서 임정은 정당 간의 통일과 임정의 확대 강화라는 독자노선을 추구할 것이라고 선언함으로써 독촉중협은 이승만과 한민당 중심의 우익 정치세력 연합체가 되고 말았다.

1945년 12월 19일 서울운동장에서 임시정부 개선 환영대회가 열렸다. 홍명희·송진우의 환영사, 러치 미 군정장관의 축사, 김구 주석의 답사가 이어졌다. 홍명희는 "우리 3천만 동포는 유일무이한 우리 임시정부를 봉대奉戴하고 일치단결하여 조국 독립에 분투하자"고 말했다. 김구는 "우리 임시정부는 3·1대혁명의 민족적 대유혈투쟁 중에서 산출한 유일무이한 정부였습니다. 그야말로 전 민족의 총의로 조직된 정부였고, 동시에 왜적의 조선통치에 대한 유일한 적대적 존재였습니다. 우리 동포들은 3·1대혁명의 전 민족적 총단결 총궐기의 정신을 다시 한번 발양해서 우리의 독립주권을 찾고 자주·평등·행복의 신한국을 건설합시다."라고 말했다.

사진 **16** 서울운동장에서 열린 대한민국임시정부 환국 봉영회에 참석하는 사람들이 서울 도심을 행진하고 있다.

대한민국임시정부는 미군정에 '개인 자격 환국'을 약속했기 때문에 미군정 고위당국자가 함께 한 공식행사에서 정부를 표방하기는 어려웠다. 임정 개선 환영대회에서 김구의 연설에도 임정이 정부 역할을 하겠다는 명시적인 언급은 없었다. 하지만 이 환영대회에 참여했던 670여 개 단체의 대표들은 〈연합국에 보내는 결의문〉을 통해 "임시정부의 정권을 중심으로 일로추진 一路推進하려는 한국민족의 총의를 표명함이 타당함을 확신한다."고 밝혔다.

일제 패망 직후 발표했던 '당면정책'에 입각해서 환국 후 사실상 정부로서의 역할을 하려는 임정의 구상은 국내에 조직적 기반을 마련하고, 과도정권 수립을 준비하는 작업으로 이어졌다. 임정은 이를 위해 '정치공작대'와 '행정연구위원회'를 만들었다. 두 기구는 내무부 아래 편성됐고, 내무부장 신익희가 조직과 운영 책임을 맡았다.

정치공작대는 서울에 본부를 두고, 각 지방의 도·군·면에 지부를 설치했다. 해방 직전 임정이 국내공작원으로 파견했던 백창섭을 중심으로 한 임시정부특파사무국이 정치공작대 조직의 실무를 담당했다. 신익희는 1919년 임정이 상해에서 출범한 뒤에 내무차장으로 내무총장 안창호를 도와서 비밀 점조직 방식으로 국내에 지방 행정망을 구성하는 연통제聯通制를 만들어 본 경험이 있었다. 이때의 경험이 큰 도움이 됐다. 각 지방의 정치공작대는 지역 유지들을 중심으로 구성됐고, 매우 빠른 속도로 진행돼 1946년 2월에는 면 단위까지 지방 조직이 만들어 졌다.

행정연구위원회는 일제 때 조선총독부에서 행정 관료로 일해서 행정 경험과 실무능력을 갖춘 사람들로 구성해서 행정에 관한 자료 수집과 연구를 담당하도록 했다. 대부분 한국과 일본의 명문대를 나와서 일제의 고등문관시험에 합격했던 70여 명이 참여했고, 헌법·법제·행정조직·재정·국토계획·보안 등 19개의 분과위원회를 두었다.

행정연구위원회의 활동 가운데 특히 주목되는 것은 헌법 제정을 위한 준비 작업이었다. 행정연구위원회 산하 헌법분과위원회는 1946년 1월 중순부터 3월초까지 6차례 모임을 갖고 '한국헌법'이란 이름의 헌법 초안을 마련했다. 이 작업에는 동경제대 법학부 출신으로 조선총독부 농상과장을 지낸 최하영을 중심으로 장경근·윤길중·이상기·강명옥·박근영·김용근 등이 참여했다.

임정 내무부 산하 기구로서의 행정연구위원회는 1946년 5월 해산됐다. 하지만 실제로는 1946년 6월 대한독립촉성국민회(독촉) 부회장이 된 신익희의 영향력 아래서 활동을 계속했다. 행정연구위원회가 마련한 헌법초안은 1948년 5·10 총선 이후 정부 수립 작업이 본격화되고, 신익희가 국회 부의장이자 헌법기초위원 전형위원으로 헌법 제정에 관여하게 되면서 빛을 보았다. '한국헌법' 마련을 주도했던 인사들은 1948년 5월 중순부터 보성전문학교 교수였던 헌법학자 유진오가 가세한 가운데 헌법안을 만들었다. 1948년 6월 3일 소집된 제헌국회 헌법기초위원회는 '유진오·행정연구위원회 공동안'을 원안原案으로 제헌헌법 초안을 마련해서 국회 본회의에 넘겼다. 제헌국회 본회의는 1948년 6월 23일부터 제헌헌법 초안을 심의해 7월 12일 최종 확정했고, 7월 17일 선포됐다.

임정은 이처럼 환국 후 사실상의 정부를 지향하며 다양한 정치활동을 시작했지만 미군정의 견제와 압력을 받았다. 미군정은 1945년 10월 "38선 이남의 조선 땅에는 미군정이 있을 뿐이고, 그 밖에는 다른 정부가 존재할 수 없다"는 성명을 발표했다. 대한민국임시정부나 조선인민공화국 등 정부를 표방하는 조직을 전혀 인정하지 않았으며, 그들의 활동을 경찰력을 동원하여 막았다.

미군정에 막혀 있던 임정이 국면 전환을 모색하고 있던 차에 1945년 12월 28일 미·영·소 세 나라의 외무장관이 모스크바에서 회담을 갖고 한반도에 대한 신탁통치를 결정했다는 소식이 전해졌다. 1943년 카이로 회담 직전 미국과 영국에 의해 제기됐던 '한반도 국제 공동관리 방안'을 극력 반대했던 임정으로서는 신탁통치를 받아들일 수 없었다. 더구나 한민족의 절대 다수가 즉각 독립을 간절히 원하던 상황에서 '신탁통치 반대'는 임정이 정국의 주도권을 잡을 수 있는 좋은 카드였다.

임정은 즉시 긴급 국무회의를 소집해서 '신탁통치 절대 거부'를 결의하고, 정당·종교·사회단체들로 '신탁통치반대국민총동원위원회'(위원장 권동진)를 결성했다. 국민총동원위원회는 1945년 12월 29일 임정에 '즉각적인 주권 행사'를 건의했고, 김구 주석은 신익희 내무부장에게 그 시행 방안을 마련하도록 지시했다. 신익희 내무부장은 정치공작대에 반탁反託 시위를 준비하도록 하는 한편, 행정연구위원회로 하여금 임정 포고문을 작성하도록 했다. 1945년 12월 31일 임정 내무부장 신익희 명의로 된 '국자國字 제1호'와 '국자 제2호'가 발표됐다.

국자 제1호

1. 현재 전국 행정청 소속의 경찰기구 및 한인 직원을 전부 본 임시정부 지휘 하에 예속케 함.
2. 탁치 반대의 시위운동은 계통적·질서적으로 행할 것.
3. 폭력 행위와 파괴 행위는 절대 금함.
4. 국민의 최저 생활에 필요한 식량·연료·수도·전기·교통·금융· 의료기관 등의 확보 운영에 대한 방해를 금지함.

국자 제2호

차此 운동은 반드시 우리의 최후 승리를 취득하기까지 계속함을 요하며 일반 국민은 금후 우리 정부 지도하에 제반 사업을 부흥하 기를 요망한다.

이는 임정이 미군정의 경찰과 직원을 접수해서 정부 역할을 대신하겠다는 전격적인 선언이었다. 임정은 포고문 선포와 동 시에 행동에 나섰다. 신익희는 서울시내의 경찰서장들을 불러서 임정의 반탁운동에 호응할 것을 요구했고, 이들은 대부분이 요구에 따랐다. 또 국민총동원위원회의 총파업 지시에 따라서 미 군정청과 서울시청 직원들이 총사직을 결의했다.

같은 날 오후 서울 동대문운동장에서 '신탁통치 결사반대 시민대회'가 열렸다. 3만 명이 넘게 참석한 이 대회에서 "신탁관리제를 배격하는 국민운동을 전개하여 자주독립을 완전히 획취獲取하기까지 삼천만 전 민족이 최후의 피 한 방울까지도 흘려 싸우는 항쟁 개시를 선언한다."는 선언문이 낭독됐다. 그리고 "우리 삼천만 전 민족은 좌우 양익을 들어서 해외에서 과거 27년 동안 투쟁하고 환국한 대한민국임시정부를 진정한 우리 정부로서 절대 지지하는 동시에 그 지도하에 그 국민된 응분의 충성을 다할 것을 맹세함"이라는 선서문과 "삼천만 전 국민이 절대지지하는 대한민국임시정부를 우리의 정부로서 세계에 선포하는 동시에 세계 각국은 우리 정부를 정식으로 승인할 것을 요구함"이라는 결의문이 채택됐다. 이어 '삼천만은 죽음으로써 즉시 독립을 쟁취하자'는 구호를 외치며 한 시간 반 동안 시가행진을 벌였다.

임정 포고문인 '국자 제1호'와 '국자 제2호'는 환국 전 중경에서 발표했던 '당면정책' 14개 조 가운데 9번째인 '국내 과도정권이 성립되기 전에는 국내 일체 질서와 대외 일체 관계를 본 정부가 부책負責 유지할 것'을 실천에 옮기겠다는 선언이었다. 그리고 뒤이은 임정의 일련의 행동은 이런 선언이 말로 끝나는 것이 아니라 조직적이고 단계적으로 실행되고 있음을 보여주었다.

미군정은 이를 대한민국임시정부가 정권을 탈취하려는 쿠데타 시도로 받아들였다. 그래서 정치공작대 본부를 압수 수색하고, 신익희를 체포하여 이틀 동안 심문했다. 신익희의 반탁운동 호응 요청을 받아들인 경찰서장들은 모두 파면됐다. 하지 미군정 사령관은 조병옥 경무부장을 불러서 "군정을 접수하려는 임시정부 요인들을 처리해야 되겠다."고 말했다. 임정 요인들이 한국에 입국할 때 미군정에 복종하겠다는 서약을 했음에도 불구하고 신탁통치 반대 운동을 빙자하여 미군정을 전복하려고 획책하고 있으니 그들을 다시 중국으로 추방하겠다는 것이었다.

임정과 미군정의 갈등이 고조되자 조병옥 등이 중재에 나섰다. 김구 주석과 하지 사령관은 1946년 1월 1일 회담을 갖고 반탁운동은 계속하되 질서 파괴 행위는 중단한다는 데 합의했다. 이 합의에 따라 임정의 엄항섭 선전부장이 김구 주석을 대리하여 방송을 통해서 국민에게 파업을 중지하고 일터로 돌아가 신탁통치 반대 운동을 계속하라고 연설했다.

임정이 '당면정책'에서 환국 후 건국 작업의 1단계로 설정했던 행정권 장악이 미군정의 장벽에 부딪쳐 실패로 돌아가자 임정은 1단계를 건너뛰어 2단계인 과도정권 수립으로 바로 나아갔다. 김구 주석은 1946년 1월 4일 〈통일정권을 수립하기 위하여 비상정치회의를 즉시 소집할 것 등에 관하여〉라는 성명을 발표했다. 이 성명의 주요 내용은 다음과 같았다.

1. 비상정치회의를 즉시 소집하자는 것이다. 우리는 작년 9월 3일에 우리의 당면정책을 발포한 것이었다. 비상정치회의의 소집은 그 당면정책 제6항을 실행하는 방법이다. … 우리의 원原정책이 상술上述함과 같을 뿐 아니라 더욱 현하現下 급전急轉한 시국에 감鑑하여 남의 손을 기대할 것 없이 우리의 손으로 신속히 강고한 과도정권을 수립하기에 여력을 불석不惜하고 있는 바이다.

2. 임시정부를 확대강화하자는 것이다. 본 안案은 당면정책 제6항과 제9항에 근거하여 세운 것이다. … 과도정권이 수립되기 전까지의 과도정권은 누가 행사할 것인가. 이것은 임시정부일 것이다. 그러나 우리가 우리끼리만 독선적으로 임시정부를 계속 유지하자는 것은 아니다. 그러므로 우리는 각계 영수領袖를 망라하여 임시정부를 확대 강화하여서 비상정치회의에서 과도정권이 확립될 때까지 나아가자는 것이다.

3. 국민대표대회를 소집하자는 것이다. … 비상정치회의에서 과도정권이 확립되면 임시정부는 그때 해체될 것이다. 그 다음에 그 과도정권은 절대 민주적 정신 위에서 국민대표대회를 소집하여

서 독립국가·민주정부·균등사회를 원칙으로 한 신헌장新憲章에
의하여 정식정권을 조직하자는 것이다.

이는 '당면정책'의 제6조인 '국내 과도정권을 수립하기 위하
야 국내외 각 계층, 각 혁명당파, 각 종교집단, 각 지방대표와
저명한 각 민주영수民主領袖 회의를 소집하도록 적극 노력할
것'을 실행에 옮기자는 제안이었다. 즉 임정을 확대·강화하여
비상정치회의를 구성한 뒤, 이를 기반으로 과도정권을 수립하
고, 그 주도에 의해 국민대표대회를 거쳐 정식정권을 수립하는
단계적 건국 방안이었다.

임정은 국내 정당들과의 합작·통일을 위해 만들었던 특별정
치위원회의 연장선에서 조소앙·조완구·장건상·김성숙·김원봉 등
좌·우파를 망라한 주요 인사들로 교섭위원을 구성하고, 좌·우
익의 정당 및 사회단체들과 접촉을 벌였다. 하지만 '신탁통치
절대반대' 입장인 임정과 '모스크바 삼상회의 결정 지지'를 주
장하는 좌익은 합의점을 찾을 수 없었다. 우여곡절 끝에 1946
년 1월 20일 임정 요인들과 우익·중도의 18개 단체 대표들이
참가하는 비상정치회의주비회籌備會가 열렸다. 임정은 21개 주
요 단체를 초청했는데 인민당·조선공산당·조선독립동맹 등 좌
익을 대표하는 3개 정당은 불참한 것이었다. 이 자리에서 임정

은 ▲비상정치회의는 대한민국의 과도적 최고 입법기관으로 임시의정원의 직권을 계승하고 임시의정원 의원은 당연 성원이 된다. ▲비상정치회의는 정식 국회가 성립될 때까지 존속한다는 방안을 제시했다.

1946년 1월 21일 비상정치회의주비회는 이승만이 이끄는 독립촉성중앙협의회와 통합해서 비상국민회의주비회로 확대 개편됐다. 불과 한 달 전 이승만의 종용에도 독촉중협 참여를 거부하고 독자노선을 선택했던 임정이 독촉중협과의 합작으로 입장을 선회한 것은 그동안의 상황 변화 때문이었다. 무엇보다 미군정을 제치고 행정권을 장악하려는 '쿠데타' 시도가 실패로 끝난 뒤 미군정과의 관계가 급속히 악화된 것이 큰 영향을 미쳤다. 미군정이 남한의 통치권을 행사하고 있는 상황에서 정치활동을 위해서는 미군정과의 관계를 개선할 필요가 절실했고, 이를 위해서는 미군정이 원하는 대로 독촉중협과 합작하지 않을 수 없었던 것이다.

당시 서울에는 모스크바 3상회의 결정에 따라 열리는 미소공동위원회의 예비회담을 위해 소련 대표가 들어와 있는 상황이었다. 따라서 미소공동위원회를 저지하고자 했던 미군정은 우익을 중심으로 하는 정계 개편이 필요했다. 그리고 이승만과 한민당은 반탁운동을 통해서 드러난 임정에 대한 대중적 지지를 활용할 필요가 있었다. 임정도 이제는 더 이상 이들이 내미는 손을 거절할 수 없는 입장이었다. 미군정, 이승만과 한민당, 임정의 이해관계가 맞아 떨어진 상황에서 백남훈·장덕수·김병로·서상일 등 한민당 간부들과 우익의 대동단결에 앞장서 온 안재홍 국민당 당수가 적극 나서 우익의 두 거두巨頭인 이승만과 김구의 합작을 성사시킨 것이었다.

임정이 신탁통치 등에 대한 입장 차이를 들어 좌익 정당들과의 통일전선을 포기하고 이승만·한민당 등 우익 정치세력과 합작을 추진하자 임정 내의 좌파 인사들이 반발했다. 조선민족혁명당·조선민족해방동맹 등 좌파 정당 소속인 김원봉·김성숙·성주식 등은 1946년 1월 23일 〈임정의 우익 편향화에 반대하는 성명서〉를 발표하고 비상국민회의주비회를 탈퇴했다. 이들은 좌익의 참가 없이 정치적 통일은 불가능하며, 이승만이 '모종의 예정안'을 갖고 비상국민회의에 참여한다고 주장했다. 김원봉 등은 성명서에서 "이로부터 임시정부는 전 민족의 영도적 입장, 특히 좌·우 양익에 대한 지도적 지위를 포기하게 된 것은 유감이나마 부인할 수 없는 사실이다. 우리 두 단체는 먼저 임시정부의 우익 편향화를 지적하며 반대한다."고 했다. 이들은 조선공산당과 인민당 등이 비상국민회의에 맞불을 놓기 위해 결성을 추진하던 민주주의민족전선에 대해서도 "이것 역시 우리 민족의 분열 행태를 더욱 명백히 표시하는데 불과한 것이므로 단연 반대한다."고 했다. 비상국민회의주비회는 〈이탈 단체의 복귀를 희망하는 성명서〉를 발표하며 만류했지만 이들은 떠났다. 그리고 얼마 뒤인 1946년 2월 1일 그들이 반대한다고 했던 좌익의 연합전선 조직 민주주의민족전선준비위원회에 가담했다. 이로써 1942년 이래 좌·우 연합정부로 운영돼 온 임정은 좌파 세력이 이탈하고 우파 세력만 남게 됐다.

임정 내 좌파 세력의 이탈은 정식 정부가 서기까지는 당黨의 보따리를 풀지 않고 임정의 깃발 아래 하나로 움직이기로 했던 환국 전 합의가 파기됐음을 의미했다. 임정의 야당이었던 좌파 정당들은 독자적인 활동을 개시했고, 여당이었던 한독당도 곧 독자 활동에 들어갔다.

1946년 2월 1일 임정이 주도해서 자주적 과도정부 수립을 목표로 만든 비상국민회의가 서울 명동성당에서 개막됐다. 임정은 이 회의가 해방 후 마비 상태에 빠진 임시의정원의 권능을 이어받아 대한민국임시정부의 법통을 계승한다고 선언했다. 비상국민회의 의장과 부의장에 임시의정원의 마지막 의장·부의장이었던 홍진과 최동오가 선임된 것은 이런 사실을 강조하는 상징적인 조치였다.

비상국민회의는 과도정부 수립을 담당하는 최고정무위원회를 설치하기로 하고, 이승만과 김구에게 최고정무위원 선정권을 일임하는 한편 비상국민회의에 불참한 좌익 정당과 사회단체들의 참가를 촉구하는 결의안을 채택했다. 1946년 2월 10일 비상국민회의 헌법·선거법수정위원회(위원장 김병로)는 "임시정부 헌장을 그대로 계승할 것"을 결의했다. 1946년 2월 13일 비상국민회의 최고정무위원 28명과 각 상임위원장의 명단이 발표됐다. 최고정무위원은 다음과 같았다.

▲임시정부=이승만·김구·김규식·조소앙·조완구·김붕준 ▲한국민주당=백남훈·김도연·원세훈·김준연·백관수 ▲신한민족당=권동진·최익환·김려식 ▲국민당=안재홍·이의식·박용희 ▲인민당=여운형·백상규·황진남 ▲무소속=오세창·김창숙·정인보·김선·홍현숙 ▲기독교=함태영 ▲천주교=장면 ▲불교=김법린

3. 비상국민회의와 민주의원을 둘러싼 혼선

그런데 뜻밖의 일이 발생했다. 비상국민회의 최고정무위원 명단이 발표된 다음 날인 1946년 2월 14일 미 군정청이 그 명단을 그대로 '남조선대한국민대표민주의원'(민주의원)으로 임명한 것이었다. 이승만이 민주의원 의장, 김구와 김규식이 부의

장에 선임됐다. 이는 임정 외무부장인 조소앙마저도 "이것은 우연의 일치인가?"라는 기자의 질문에 "최고정무위원회가 여하한 경위로 변천되었는지 나는 모르겠다. 또 누가 발표하였는지도 모르겠다."고 대답할 정도로 갑자기 일어난 일이었다.

임정이 '임정법통론'에 입각해서 구성한 비상국민회의 최고정무위원회를 미군정의 자문기관인 민주의원으로 탈바꿈시킨 것은 그 얼마 전 하지 미군정 사령관의 특별정치고문에 임명된 이승만의 측근 굿펠로우였다. 제2차 세계대전 기간에 OSS의 부副책임자로 일하면서 이승만과 친해진 굿펠로우는 이승만의 부탁을 받은 하지의 초청으로 1946년 1월 중순 한국에 왔다. 그는 미군정의 통합자문단(United Advisory Group) 구성을 목표로 이승만·김구·김규식 등 우익 지도자들은 물론 박헌영·여운형 등 좌익 지도자들까지 두루 접촉했다. 그는 좌익 지도자들이 자신의 구상에 호응하지 않자 차선책으로 우파 정치세력을 양분하고 있는 이승만과 김구를 결합시키는 방안을 모색했다.

미군정은 비상국민회의 정무위원회를 민주의원으로 전환시키기 위해 임정에 압박과 회유의 양면책을 사용했다. 미군 정보참모부(G-2)는 임정 요인들의 신변 경호를 위해 배치했던 군대와 특별경찰을 철수할 것을 상부에 건의했다. 임정 국무위원 조경한의 훗날 증언에 따르면, 다른 한편으로는 하지 사령

관이 김구에게 5만 명의 경비군 조직을 맡기겠다고 말했다고
한다.

이승만·한민당·미군정과 김구를 비롯한 임정 수뇌부는 동상
이몽同床異夢을 꾸고 있었다. 각자 상황을 자기 쪽에 유리하게
해석하고 그 방향으로 끌고 가려고 했다. 이런 아전인수我田引
水격인 모습은 1946년 2월 14일 미 군정청 제1회의실에서 열
린 민주의원 개원식에서 극명하게 드러났다. 이승만은 연설문
에서 "금후 의원에서는 오늘 우리가 직면하고 있는 여러 가지
긴급한 문제에 대해 하지 중장 및 군정부와 협의하는 데 있어
한국 국민을 대표할 것"이라고 하여 민주의원이 미군정의 자문
기관임을 분명히 했다. 이와 달리 김구는 "이제 민주주의 민족
통일기구로서의 비상국민회의의 결의에 의하여 여기에 대한국
민대표민주의원이 성립됐으니 … 건국대업을 한 걸음 한 걸음
실천하여 정식정부의 완성을 지향하는 온갖 정치적·경제적·문
화적 공작을 단행할 것"이라고 말했다. 김구는 민주의원이 미
군정의 자문기관이라는 사실은 언급하지 않고 '임정법통론'의
연장선에서 과도정부 수립을 위한 민족통일전선으로 만들어졌
다고 강조한 것이었다.

해방 정국을 관찰하던 미군정의 한 정치장교는 이런 기묘한
상황을 "우익은 임시정부를 알로, 비상국민회의를 유충으로, 민
주의원을 번데기로 하여 장래의 정부인 나비가 나올 것으로

생각하고 있다"고 표현했다. 도진순 창원대 교수는 이 비유을 인용하면서 임정은 비상국민회의가 과도정권 수립을 목적으로 하는 기관이고, 민주의원은 미군정과의 협조를 위한 임시기관으로 생각했다고 설명했다. 반면 이승만·한민당·미군정은 민주의원의 출범으로 비상국민회의의 역할은 끝났다고 생각했다는 것이다. 임정은 비상국민회의에, 이승만·한민당·미군정은 민주의원에 각각 방점을 두고 있었다.

이승만은 임정을 흡수해서 자신이 중심이 되는 과도정권을 수립하려고 했고, 민주의원 발족으로 그런 목표가 달성됐다고 생각했다. 민주의원 출범 후 굿펠로우와 함께 이승만을 찾아간 여운형이 김구가 어디 있느냐고 묻자 이승만은 "임시정부는 다 없어졌다. 나를 만났으면 그는 아니 만나도 좋다."고 말했다. 이승만은 민주의원을 통해 '대통령 이승만, 부통령 김구, 외무부장관 김규식' 등으로 돼 있는 임시정부 조각 명단까지 구상하고 있었다고 한다.

임정법통론에 입각해서 만들어진 비상국민회의가 출범하자마자 임정법통론이 부정되는 듯한 상황은 임정과 비상국민회의에 큰 충격을 주었다. 임정 요인들은 1946년 2월 20일 숙소인 한미호텔에서 회의를 열고 이 문제를 논의했다. 비상국민회의 의장 홍진은 1946년 3월 20일 성명을 내고 비상국민회의와 민주의원이 서로 다른 별개의 기구라고 선언했다. 조소앙은 훗날 〈한독당 결별 성명서〉에서 이때를 회상하며 "(미)군정부의 고문기관을 통하여 독립운동을 실천하겠다고 한다면 전체적으로 고문이 되었어야 할 것이다. 그러나 소수의 민주의원 문제로 임정은 분산되고 독립운동에는 낙제가 되었던 것"이라고 반성했다.

민주의원 발족 직전 비상국민회의를 탈퇴하고 민주주의민족전선에 가담했던 김성숙은 만년에 당시 상황을 이렇게 회고했다.

필자는 국무위원으로서 민주의원에 참가하는 것을 반대했다. 더욱이 임정 정正·부副 주석이 민주의원에 가담한다는 것은 정치적 위신과 대의명분으로 보더라도 도저히 찬성할 수 없는 일이었다. 한 국가민족의 대표자로서 국내외에서 민족대중에 대해서 발호시령發號施令해 오던 임시정부 주석과 부주석 및 국무위원이 외국 군정의 자문기관인 민주의원의 부원장이나 의원이 된다는 것은 민족대중에 대한 얄미운 배신이며 더욱이 임정 기치하에서 투쟁하다가 숨진 동지들의 영령英靈에 대한 철면피한 배신이 아닐 수 없다. 만약 민주의원에 가담하기로 결정하려면 무엇보다도 먼저 임정의 자진해산을 만천하에 공포해야 할 것이라고 강경히 주장하였다. … 결국 이 주장은 묵살되고 하지 장군의 의도대로 김구·김규식 제씨諸氏는 1946년 2월 10일 민주의원 개원식에 참석하였다. 오호, 30여 년간 반일독립反日獨立을 위하여 혈전고투血戰苦鬪하

여 온 한국임시정부는 이 불행한 날을 기해서 무형無形 중에 해산
되고 만 것이다.

(〈오호, 임정 30년 만에 해산하다〉, 《월간중앙》 1968년 8월호)

　　김구 주석을 비롯한 임정 지도부가 안팎의 반발과 비판에도
불구하고 임정법통론에 입각해서 민족통일전선으로 발족한 비
상국민회의 최고정무위원회가 미군정 자문기관인 민주의원으
로 전환되는 상황을 받아들인 것은 명분보다 현실을 선택한
것이었다. 그리고 이는 어쩔 수 없이 임정의 위상 변화를 가져
왔다. 비상국민회의 선전위원장에 선임된 임정 선전부장 엄항
섭은 "임시정부는 장래에 자주적 과도정권이 확립될 때까지는
해체되지 않을 것임을 부언한다."고 해서 임정의 존속을 강조
했다. 하지만 임시의정원은 법통을 비상국민회의에 넘겨주고,
임정 국무위원회도 사실상 해체되고 난 뒤 그 후신이라고 할
비상국민회의 최고정무위원회가 민주의원으로 탈바꿈한 상황에
서 '대한민국임시정부'라는 명의를 계속 사용하기는 어려웠다.
이후 임정 요인들은 비상국민회의와 한국독립당(한독당) 간판
아래서 활동하게 됐다.

　　그 가운데서 전면에 나선 것은 한독당이었다. 한독당은 먼
저 다른 우파 정당들과의 통합을 통해 당세를 확장하는 작업
에 착수했다. 한독당은 1946년 3월 22일 국민당과 합당선언문

을 발표했다. 국내파 민족주의 지도자인 안재홍이 이끄는 국민
당은 해방 직후부터 임정 봉대에 앞장서왔다. 이어 1946년 4
월 18일에는 3.1운동 당시 민족대표의 한 사람이었던 이갑성을
중심으로 한 신한민족당도 통합했다. 국내 기반이 약했던 한독
당은 이런 통합을 통해 우파 최대 정당인 한민당에 버금가는
지방 조직을 갖출 수 있었다.

한편 이승만과 김구의 합작은 두 사람이 각각 이끌고 있던
대중 정치조직인 '조선독립촉성중앙협의회'(독촉중협)와 '신탁
통치반대국민총동원위원회'(반탁위원회)의 통합을 가져왔다. 1946
년 2월 8일 두 단체는 '대한독립촉성국민회'(독촉국민회)로 새
출발하면서 조직과 진용을 대폭 강화했다. 이승만과 김구를 고
문으로 추대하고 오세창을 회장으로 선임하면서 11개 부, 23개
과로 이뤄진 방대한 조직으로 재탄생했다. 독촉국민회는 1946
년 2월 11일 사무실을 마련하여 활동을 시작했다.

독촉중협과 반탁위원회의 실질적인 통합은 1946년 4월 10~
11일 열린 독촉국민회 전국 지부장회의에서 이뤄졌다. 여기서
이승만과 김구가 총재로 추대됐다. 김구는 독촉중협과 반탁위
원회가 각각 제출한 중앙위원 명단을 절충하여 중앙위원 명단
을 작성했고, 총회는 이를 만장일치로 통과시켰다. 임정 원로
인 이시영이 새로 회장으로 선임되면서 독촉국민회의 주도권
은 김구에게로 기울었다.

독촉국민회 안의 세력 경쟁에서 밀린 이승만은 지방 순회를 통해 반전을 꾀했다. 이승만이 지방 순회를 시작하던 1946년 4월 독촉국민회의 주장에 따르면 약 100만 명이던 회원은 지방 순회가 끝나는 1946년 6월 무렵 700만 명으로 증가했다. 독촉국민회는 군郡 단위 이상 지부 124개, 마을 및 구區 지부 2,000개에 이르는 거대 조직으로 탈바꿈했다.

이승만은 성공적으로 끝난 지방 순회에 힘입어 1946년 6월 10~11일 열린 독촉국민회 제1차 전국대표대회에서 중앙조직을 장악했다. 총재로 추대된 이승만은 "명의만의 총재는 싫다"며 중앙상무위원회를 다시 조직할 권한을 요구해 관철시켰다. 당시 미군정 정보팀은 이승만이 김구를 제압하는 '작은(Minor) 쿠데타'에 성공했다고 보고했다.

3

건국 노선 놓고 분화되는
임정 지도자들

1. 현실주의자 신익희, 먼저 임정을 이탈하다

1946년 6월 13일 이승만은 독촉국민회의 중앙상무위원회를 개편하면서 임정 내무부장 신익희를 부위원장에 선임했다. 이승만과 신익희의 제휴는 중요한 의미를 가지는 것이었다. 임정이 환국한 뒤 정치 공작을 주도해 온 신익희가 김구를 중심으로 하는 임정의 주류 그룹을 떠나서 이승만의 편에 서는 정치적 선택을 했기 때문이다. 신익희는 이승만이 지방 순회의 말미인 1946년 6월 3일 전라북도 정읍에서 "남한만이라도 정부를 수립해야 한다."고 발언했을 때도 이를 비판한 임정 주류 그룹과 달리 찬성 입장을 밝혔다.

신익희가 이승만 쪽으로 기울어지게 된 것은 그가 주도한 정치공작대와 행정연구위원회 활동이 상당한 성과를 거두자 임정 안에서 그에 대한 견제가 본격적으로 시작된 결과였다. 임정 안에 "이제 천하는 신익희의 천하이지 백범 주석의 천하라는 말은 벌써 예전"이라는 이야기가 공공연히 나돌면서 김구

사진 **17** 국회의장을 거쳐 대통령 후보가
되는 등 만년에 거물급 정치인으로
활동하던 무렵의 신익희

와 신익희를 이간질하는 세력이 생겨났다. 게다가 신익희는 임
정 주도 그룹인 한독당의 핵심 인사가 아니었다. 1919년 임정
창립에 참여했던 그는 1923년 임정을 떠난 뒤 임정 밖에서 오
랫동안 활동하다가 1942년 8월 다시 임정에 합류한 비주류였
다. 임정이 중국 전역을 떠돌면서 고난을 겪던 시절에 김구를
중심으로 임정을 지키고 이끌어온 한독당 골수 인사들과는 거
리감이 있었다.

  김구는 1946년 4월 28~29일 열린 정치공작대 임시대표회

의에서 정치공작대를 해체하고 그 조직을 독촉국민회에 합류시키도록 조치했다. 정치공작대의 공세적 활동을 불편하게 여긴 미군정이 해체를 요구하자 이를 받아들인 것이었다. 김구는 미군정과의 관계 개선을 위해 그들의 요구를 수용하는 한편, 정치공작대를 자신의 영향력 아래 있는 독촉국민회로 흡수하려고 했다. 하지만 신익희는 이 조치에 따르지 않았다. 전국 각지의 정치공작대 지부들은 이승만이 독촉국민회를 장악하고 신익희가 독촉국민회 지도부가 된 1946년 6월 전국대표대회 뒤에야 비로소 독촉국민회에 합류했다.

당시 전국 각지에서 왕성하게 활동하는 지도급 우익 인사들이 대거 결집해 있던 정치공작대의 합류는 독촉국민회의 조직 강화에 큰 도움이 됐다. 그리고 이들의 힘을 배경으로 신익희는 우파의 핵심 정치인으로 부상할 수 있었다. 각 지역의 정치공작대 간부들은 독촉국민회 지부의 책임자가 됐고, 이들은 대한민국 정부 수립 후 국회의원이나 관료가 돼 신생 대한민국의 건설에 적극 참여했다.

신익희의 현실주의·반공주의 노선도 성향이 비슷한 이승만과 손을 잡는 데 영향을 미쳤다. 그는 1919년 3·1운동 후 상해로 망명하여 대한민국임시정부 수립에 참여한 이래 26년 동안 독립운동 일선을 떠나지 않은 독립운동가였다. 그는 임정을 중심으로 한 정치활동뿐 아니라 한국 청년들을 모아 군대 조직을 시도하고, 한·중 합작에 의한 군사행동을 추진하는 등 적극적인 행동가로서의 면모도 보여주었다. 하지만 그는 대의명분을 지나칠 정도로 강조하는 많은 독립운동가들과 달리 매우 현실주의적이고 유연한 자세를 지니고 있었다. 그는 환국 직전 중경에서 열린 임정의 마지막 국무회의에서 다음과 같이 말했다.

우리가 환국하게 되면 우리의 동포들은 오랫동안 이역만리 타국에서 유랑걸식하며 왜적에 저항하느라 고생했다고 우리를 반갑게 환영해 줄 것입니다. 그러나 우리는 일제의 학정 밑에서 우리보다 더한 굴욕과 천대를 받아가며 살아온 우리의 이 고마운 동포들의 고충을 진심으로 위로해 주어야지, 마음 한구석에서일망정 추호의 우월감이라도 갖지 말아야 합니다. … 우리들은 혁명운동자요 독립운동가일 뿐이어서 행정에 대해서는 문외한이나 다름없습니다. 무식합니다. 우리들은 그야말로 활 나간다 총 나간다 하는 식으로 떠들어 제끼는 처지에 불과합니다. 나 신익희 자신도 내무행정의 책임자라고는 하나 시골 면장面長을 해라 해도 능력 있게 해 나갈 자신이 없습니다. 그러니 비록 일제 밑에서 일신의 부귀나 영달, 또는 가족의 부양·보호를 위해 왜적의 행정기구에서 관리 생활을 하고 일인日人에게 좀 잘 보이려 했을지언정 왜倭를 제 애비나 어미처럼 여겨 국가와 민족 앞에 크게 득죄한 자가 아니면 모두 찾아서 개과천선의 길을 열어주며, 이 사람들로 하여금 건국

후 일선의 실제 행정을 담당케 하는 법을 강구해내야 할 줄로 압
니다.　　　　　　　(유치송, 《해공신익희일대기》, 411~412쪽)

그리고 신익희는 환국한 뒤 행정연구위원회를 만들 때 거기
에 참여한 총독부 관료 출신 인사들에게 이렇게 말했다.

애국이니 구국이니 하며 왜적과는 타협하지 않고 왜놈잡이 하
겠다고 천방지축 돌아다니던 사람들, 그러니까 나부터도 행정에 대
한 능력이나 수완이라고는 터럭 끝만치도 없는 게 사실입니다. 비
록 여러분은 일제의 폭정 아래서 자신의 명맥과 가족의 안위를 위
하여 조금 친절을 왜인에게 표시했다 하더라도 해방된 조국에 헌
신 노력하여 건국의 기초와 공로를 세움으로써 지난날의 약간의
과오는 속죄되는 것이니, 여러분들은 각 분야에서 응수노력하길 부
탁드립니다.　　　　　　(유치송, 《해공신익희일대기》, 445쪽)

신익희는 또 제헌국회에서 반민족행위처벌법이 통과될 때
"민족의 정의와 역사의 정의를 위해서는 반민족행위자를 과감
히 처단해야 옳으나, 민족의 대동단결과 건국의 기틀을 마련하
기 위해서는 경미한 전과가 있는 자는 건국 전선에 참여시켜
야 한다"고 연설했다.
　신익희는 완강한 반공주의자였다. 그는 독립운동 과정에서

좌파 인사들과 여러 번 함께 일한 경험이 있었고, 이를 통해 공산주의자들은 믿을 수 없다는 확신을 갖게 됐다. 그는 1937년 12월 중국 관내關內의 좌파 독립운동 정당들이 조선민족전선연맹을 만들 때 참여했고, 1938년 9월 급진적 좌파 무장투쟁단체인 조선청년전위동맹이 발족하자 거기에도 가담했다. 그리고 1938년 10월 좌파 독립운동 세력들의 연합 무장조직으로 조선의용대가 만들어진 뒤에는 그들을 정치적으로 지도했다. 하지만 1941년 3~5월 낙양에 있던 조선의용대 제2지대 병력이 황하를 건너서 중국공산당이 지배하는 화북의 연안으로 이동할 때 신익희는 그들과 격심한 마찰을 겪으면서 결별한 뒤 중경으로 가 임정에 합류했다.

이처럼 독립운동 과정에서 공산주의자들과 갈등을 경험했던 신익희는 1946년 초 반탁운동을 주도하면서 반탁에서 찬탁으로 표변한 공산주의자들을 또 다시 혐오하게 됐다. 그는 이후 대한반공연맹을 만들고 각 군 단위에 지부를 조직하여 반공사상 고취와 공산주의 타도에 적극 나섰다. 또 정치공작대원들을 북한에 밀파해 1946년 평양에서 열린 3.1절 기념행사를 전후하여 김일성·최용건·김책·강양욱 등 북한 공산 지도자들의 암살을 시도하는 등 대북對北 타격을 추진했다.

신익희가 한국독립당을 공식적으로 탈당한 것은 1947년 7월 20일이었다. 하지만 그가 임정과 사실상 결별한 것은 정치공작대를 이끌고 이승만에 가담한 1946년 6월이었다. 1942년 임정에 합류했던 좌파 인사들이 1946년 1월 비상국민회의 발족을 전후하여 임정을 떠난 데 이어 1946년 6월 신익희의 이탈은 임정의 우파 안에서도 분화가 시작되는 신호탄이었다.

2. 중간파 영수 된 김규식도 임정을 떠나다

1946년 상반기 진행된 제1차 미소공동위원회와 뒤이은 미군정의 좌우합작 추진 과정에서 임정 요인들과 한국독립당은 분명한 입장과 활동을 보여주지 못했다. 1946년 3월 20일 서울에서 개막된 미소공동위원회는 모스크바 3상회의에서 합의된 한반도의 임시정부 구성을 위한 협의 대상을 놓고 처음부터 날카로운 대립을 보였다. 미국은 그 얼마 전 발족한 민주의원을 주요한 협의 대상으로 삼으려고 했다. 반면 소련은 민주의원의 핵심 인사들이 모스크바 3상회의 결정 사항의 하나인 신탁통치에 반대한다는 점을 들어서 이를 거부하고, 남북한 양쪽에 좌익 주도로 수립된 인민위원회를 강조했다. 반탁反託단체

수용 여부를 놓고 대립하면서 지지부진하던 미소공위는 1946년 4월 18일 신탁통치에 반대했더라도 미소공위에 협조하면 협의 대상으로 삼기로 합의했다. 하지만 소련이 미군정의 자문기관인 민주의원에 참여한 단체들은 협의 대상에서 제외할 것을 고집하는 바람에 1946년 5월 6일 미소공위는 결국 결렬되었다.

미소공위가 결렬되자 미군정은 좌·우의 극단적인 세력을 제외한 정치집단들을 중심으로 선거에 의한 자문입법기구를 구성하고, 이를 기반으로 임시정부를 수립하는 방향으로 선회했다. 미군정은 이제 다루기 힘든 이승만과 김구를 배제하고, 임정 부주석이었던 김규식을 좌우합작과 자문입법기구의 지도자로 선택했다. 미군정은 '김규식 주도, 여운형 참여'의 기본 틀을 구상했고, 1946년 7월 7일 두 사람을 공동 주석으로 하는 좌우합작위원회가 발족했다. 미군정의 다음 문서는 당시 한국 주요 정치 지도자들에 대한 그들의 시각을 보여준다.

사심 없는 한국인 지도자는 단지 극소수일 뿐이며 그 명단의 제일 위에서 김규식이 있다. 여운형은 화려하고 품위가 있지만 우유부단하다. 김구는 완전히 제외되었다. 이승만은 강력하지만 순 이기적인 인물이다.　　　　(《아놀드 소장과 대담 비망록》)

김규식은 미국에 유학해서 영어에 능통했고, 사상적으로는 우파였지만 사회주의에 대해서도 개방적인 태도를 지녔다. 1919년 신한청년당 대표로 파리강화회의에 파견됐던 그는 자본주의 열강들의 패권주의적 태도에 실망했다. 그래서 1921~22년 모스크바에서 열린 동방피압박민족대회와 극동인민대표대회에 참가해 '아시아 혁명운동과 제국주의'라는 주제로 발표하고 레닌을 면담하는 등 사회주의 혁명에 우호적인 관심을 기울였다. 또 1935년 김원봉이 주도하여 결성된 조선민족혁명당의 주석으로 추대돼 좌파 인사들과 함께 활동했다.

김규식은 여러 차례 임정에 참여했지만 늘 핵심에서는 떨어져 있었다. 1919년 임정 출범 때 외무총장·학무총장에 선임됐던 그는 임정이 창조파와 개조파의 대립으로 혼란에 빠지자, 임정의 해산을 주장하는 창조파의 영수가 됐다가 임정에서 이탈했다. 1932년 임정의 요청으로 다시 국무위원에 선임된 뒤 외무부장이 됐지만 1935년 다시 이를 사퇴하고 임정을 떠났다. 그는 1941년 조선민족혁명당이 임정에 참여하면서 민혁당 몫으로 국무위원을 거쳐 부주석에 선임됐지만 전권을 행사하는 김구 주석 밑에서 별다른 역할을 하지 못했다. 그는 이 무렵 미국인 친구에게 보낸 서한에서 자신의 처지를 "나는 지금 임시정부의 부주석으로 있는데 이 자리는 투표권도 없는 투명치 않은 자리요. 그래서 나는 대체로 선전사업에 주력하고 있고

사진 **18** 남조선과도입법의원 의장이자 좌우합
작위원회 주석으로 활동하던 무렵의 김규식

늘 군사·외교 기타 사업의 계획을 세우는 데 주력하고 있소."
라고 전했다.

　김규식은 그가 주석을 맡고 있던 조선민족혁명당에서도 물
위에 떠 있는 기름과 같은 존재였다. 민혁당의 실제 권력자는
총서기 김원봉이었다. 조선민족혁명당을 대표하여 비상국민회
의에 참여했던 김원봉과 성주식이 1946년 1월 23일 '임정의
우익 편향화'에 반대하며 비상국민회의를 탈퇴하자 김규식은
1946년 2월 18일 조선민족혁명당 주석을 사임하고 탈당했다.

사진 **19** 1947년 7월 서재필(가운데)이 귀국했을 때 함께한 김규식(왼쪽)과
여운형. 당시 김규식과 여운형은 좌우합작을 주도하고 있었다.

온화한 성품의 학자풍 정치인이었던 김규식은 좌우합작의 수
장首長으로 최적임자였다. 더구나 조선민족혁명당을 탈당한 상
황에서 다가온 미군정의 좌우합작 주도 제의는 정치인으로서
조직적 기반이 없던 그에게 독자적 기반을 구축할 수 있는 좋
은 기회였다. 이후 김규식은 사실상 임정을 떠나서 독자적으로
활동하기 시작했다.

좌우합작 운동은 미군정의 지원을 받으면서 출발했지만 순
조롭게 진행되지 못했다. 좌익의 '합작원칙 5개 조항'과 우익의

'좌우합작 8원칙'이 대립하다가 간신히 '좌우합작 7원칙'으로 절충됐지만, 1946년 10월 대구 폭동 등 극좌 세력의 폭력 행사가 본격화되면서 좌우합작의 추진 동력은 급격히 떨어졌다. 이어 미군정이 선거에 의한 자문입법기구로 남조선과도입법의원의 설치를 추진하자 이를 둘러싸고 각 정파의 이해관계가 복잡하게 얽혔다. 김규식은 좌우합작위원회 주석과 입법의원 의장으로 이 과정의 중심에 자리 잡고서 중간파를 결집했다. 지지부진하던 좌우합작 운동은 1947년 7월 여운형이 암살되면서 사실상 종료됐다. 그리고 중간파는 김규식을 중심으로 1947년 12월 민족자주연맹을 만들어 전열을 재정비했다.

김구와 한국독립당 등 임정 세력은 1946년 하반기 진행되는 좌우합작 운동에 대해 반탁 원칙을 강조하면서 관망하는 입장이었다. 김구로서는 자신이 배제된 채 진행되는 좌우합작이 달갑지 않았지만 일단 김규식에 대한 '전면적인 지지'를 표명했다. 하지만 한독당은 미군정이 주도하는 정국에 대한 대응을 놓고 삐걱거렸다. 당면 과제인 과도정부 수립의 준비단계로 남조선과도입법의원이 새롭게 부상하자 한독당 안에서 임정 세력은 임정법통론을 고수하며 불참을 주장했고, 해방 후 합류한 국민당 그룹 등 국내파는 참여 속의 투쟁을 주장했다.

1946년 12월 12일 입법의원 개원 후 이를 주도하는 김규식 등 중간파가 비상국민회의가 중심이 된 민주의원의 해체를 요구하자 임정 세력의 불만은 고조됐다. 이들의 불쾌감은 비상국민회의 상무위원 엄항섭의 다음과 같은 말에 잘 나타나 있다.

'민의民議'(민주의원) 해체 여부는 다만 비상국민회에서만 결정될 문제이며 법규상으로 '입의立議'(입법의원) 대의원은 민의에서 탈퇴해야 할 것이다. 이러한 문제를 결정코저 1월 중 '비국非國'(비상국민회의)을 소집할 작정이다. '민의'란 원래 임정 수립을 위하야 비상국민회에서 선출한 최고정무위원 회원이 어느 틈에 변질하였는데, 금번 좌우합작을 위하야 민의에서 파견한 4대표가 입법의원을 만들어낸 것을 보면 올챙이가 개고리 되고 굼벵이가 맴이로 화化하였으니, 이것도 일종의 진보일는지.

(《독립신보》, 1946년 12월 31일자)

3. 고심 끝의 반전反轉 카드, 국민의회

임정 세력이 기반을 구축하지 못한 입법의원을 중심으로 좌우합작이 진행되고, 중단됐던 미소공동위원회가 재개되려는 움직임은 임정 세력에게 위기감을 안겨주었다. 임정 세력은 이승만과 연대해 '제2차 반탁운동'을 일으켜 모스크바 3상회의 결정을 폐기하고 중간파에 타격을 줌으로써 이런 난국을 돌파하려고 했다. 1946년 말 김구는 이승만과 만나서 이승만을 수반으로 하는 임시정부를 수립해 행정권을 장악하자는 데 의견을 함께했다. 이들은 곧 미국을 방문할 예정인 이승만이 미국에서 모스크바 협정의 폐기와 남한 단독정부 수립을 촉구하고, 국내에서는 김구가 임정 주도로 대대적인 반탁 운동을 전개한다는 데 합의했다. 두 사람이 국내외에서 역할을 분담한 것이었다.

김구는 1947년 2월 8일, 1년 전 민주의원 발족 이후 유보해 두었던 '임정법통론'을 다시 제기하고 더욱 강화하는 내용을 담은 긴급성명서를 발표했다.

… 나 본신本身도 적지 아니한 과오로 인하여 나를 열렬히 애호하고 독려하여 주는 동지·동포 여러분의 기대에 저버린 바가 없지 아니하였다. 더욱 민주의원 창립과 미소공위 제5호 성명에 관한 서명과 또 최근 좌우합작 개시 등을 통하여 의존성과 사망奢望을 가졌든 까닭에 여러분께 누를 끼친 바가 적지 아니하였다. … 오인吾人은 시급히 독립진영을 정화淨化하며 확대 강화함으로써 재편성하여 능히 독립운동의 최고방략을 안출案出하며 또 그것을 운영할 수 있는 유일 최고기구를 설치하지 아니하면 아니 된다. 우리는 여사如斯한 기구를 구태여 신설할 것 없이 현존한 민통民

統, 독촉국민회, 비상국민회의 중에서 하나를 선택하면 족할 것이다. 그런데 그 중에도 비상국민회의가 수십 년래의 독립운동의 법통法統을 계승하였으니 나는 민통과 독촉국민회를 이에 합류시키며 먼저 세 기구를 단일화한 후에 그것을 적당히 확대 강화하여서 독립운동의 최고기구의 임무를 감당할 수 있도록 개조하기를 주장한다. 해당該 기구와 그 소속단체와의 종적縱的 관계를 엄밀히 하여서 그 명령에 절대 복종하도록 하지 아니하면 안 될 것이다. 그러한 연후에는 이 최고기구의 지휘 하에 민중에 대한 훈련·선전·조직을 진지하고 유효하고 신속하게 추진하여서 독립진영을 민중의 토대 위에 견고하게 세우지 아니하면 아니 된다.

비상국민회의를 확대 강화하여 '독립운동의 최고기구'로 개조하겠다는 것은 1년 동안 별다른 활동을 보이지 못했던 임정 세력이 난관을 돌파하고 정부 수립을 주도하기 위해 던진 반전反轉 카드였다. 김구가 긴급성명서에서 주장한 대로 비상국민회의는 1947년 2월 14~17일 회의를 열고 이승만이 이끄는 민족통일총본부와 독립촉성국민회를 흡수 통합하여 '국민의회'를 결성하기로 결정했다. 63개 단체 대표와 13도 대표로 구성된 국민의회는 의장과 부의장에 임정법통파인 조소앙과 유림을 선출하였다. 김구 등 임정 세력은 명칭에서 '비상'을 떼고, '회의'를 '의회'로 바꾼 이 새 조직이 비상국민회의와는 달리

임시적 협의기구가 아니라 상설적 대의조직이며 '독립운동의 피 묻은 최고기관'으로서 '대한민국의 유일한 역사적 입법기관'이라고 규정하였다. 국민의회가 임정법통론에 입각한 과도정권 수립을 목표로 하는 대의기구임을 비상국민회의보다 더 분명히 한 것이었다.

국민의회 수립으로 전열을 정비한 임정 세력은 이어 그동안 내려 두었던 대한민국임시정부의 깃발을 다시 높이 들었다. 1947년 3월 1일 독립촉성국민회 안의 임정 지지자들이 중심이 돼 열린 전국국민대표자대회는 임정 봉대와 반탁운동 재개를 선언했다.

1. 우리 삼천만 한국민족은 기미년에 전국의 총의로써 수립한 대한민국임시정부가 한국의 주권을 계승한 지 이미 30년이 된 법통정부法統政府이므로 우리는 이 정부를 봉대하고 천하天下에 분포分布하여 오직 그 사명 밑에 복종할 것을 결의함.
2. 우리 한국민족은 열국列國 간섭의 신탁통치 밑에 괴뢰정권을 수립하려는 국제적·국내적 음모를 단연 배격하고 또한 이로 인하여 한민족이 일시라도 국제적 노예 밑에 그 독자성을 희생시키지 않을 것을 결의한다.

이어 1947년 3월 3일 열린 국민의회는 김구의 긴급성명서와 이에 호응한 전국국민대표자대회의 선언을 수용하는 형식을 갖춰 대한민국임시정부를 강화하는 개편을 단행했다. 주석 김구의 사임서를 수리하고 이승만과 김구를 새 주석과 부주석으로 추대하는 한편, 1946년 1월 비상국민회의 출범을 앞두고 임정을 탈퇴한 좌파 세력을 대신하여 오세창·김창숙·박열·지청천·조만식·이정규를 새로 국무위원에 선임했다. 하지만 국민의회는 외형적으로는 비상국민회의보다 확대된 모양새였지만 실제로는 지지기반이 축소된 조직이었다. 김규식 등 중도우파 세력과 한민당 등 주요 우파 그룹이 참여하지 않았고 이승만 지지 세력도 참여에 소극적인 입장이었다. 이런 가운데 한독당, 독촉 내 임정 지지파, 유림이 이끄는 독립노동당 등 '임정 법통론'을 지지하는 세력이 결집한 것이었다. 이들 임정법통파는 대중적인 임정 봉대 운동과 청년단체를 동원한 실력투쟁을 토대로 대한민국임시정부를 과도정부로 선포하고, 강력한 반탁 운동을 통해 임정을 정식 정부를 수립하는 주체로 부각시킨다는 계획을 세웠다.

임정의 활동 재개는 1945년 말 이들의 '쿠데타' 기도를 기억하고 있는 미군정을 긴장시켰다. 미군정은 ▲ 미군정에 명백히 적대적 행위를 한 우익 지도자 체포 ▲ 불법모임 참여, 전단 소지자 및 배포자, 불법 행위자 체포 등의 방침을 정했다. 그리고 1947년 3월 5일 한국독립당 사무실 등을 압수 수색하고 핵심간부인 엄항섭 등을 체포하는 한편 김구 등 임정 수뇌부를 소환하여 '반란행위'를 경고했다. 당시 워싱턴에 가 있던 하지 미군정 사령관은 "비상수단으로 지도권을 장악하려는 모종의 공작이 오히려 불미스러운 결과를 가져올 것"이라고 경고했고, 러치 군정장관은 "이런 인간들은 엄벌에 처할 것"이라고 선언했다. 예상 밖으로 강력한 미군정의 조치에 임정 수뇌부는 미군정을 방해하지 않겠다고 약속하지 않을 수 없었다.

하지만 임정을 법통정부로 추대하여 과도정부를 구성한 뒤 이를 기반으로 미·소의 영향력을 배제하고 과도정부의 외연을 전국으로 확대한다는 구상을 임정 세력이 포기한 것은 아니었다. 국민의회 의장 조소앙의 다음과 같은 언급은 임정 세력이 이 무렵 추진했던 과도정부 구상의 성격을 잘 보여준다.

(갑) 통일독립국 (을) 국부적 독립국 (병) 국부적 비독립 지방정부의 3종種 문제가 우리 민족을 고뇌케 하고 있다. 이 박사의 주장하는 정부는 을乙종일 것이다. 갑甲종 형태를 전취하는 수단으로 또는 제약된 국제관계로 우리 앞에 을종이 와지는 때에는 병丙종 형태보다 조금 낫다고 할 것이나 나의 소원은 갑종이다. 만일 남조선정부(을종)가 수립된다면 국민의회와 입법의원과의 관계가 문제되는데 원칙으로 보면 미군정 과도입법의원보다는 자주적 의회인 본 국민의회가 그 임무를 대행하여야 할 것이다.

　조소앙의 언급에는 당시 미군정·이승만·임정 세력이 각각 추진하던 과도정부의 성격이 잘 정리돼 있다. 그는 남한에서 미군정이 과도입법의원을 기반으로 추진하는 과도정부를 '국부적 비독립 지방정부'로, 이승만이 주장하는 과도정부를 '국부적 독립국'으로 규정했다. 그리고 임정 세력이 지향하는 정부는 '통일독립국'이지만 자주성을 갖는 남한 과도정부는 '통일독립국'으로 가는 과정으로 받아들일 수 있다는 견해를 피력했다. 다만 이 남한 과도정부가 '국부적 독립국'이 되기 위해서는 미군정 산하의 과도입법의원이 아니라 자주적 의회인 국민의회가 주체가 되어야 한다는 것이었다. 임정 세력은 미군정이 주도하는 남조선과도정부에는 동의할 수 없다는 점을 분명히 했지만 이승만과는 연대의 가능성을 열어놓았다.

　그러나 1947년 4월 말, 5개월 남짓한 미국 방문을 마치고 돌아온 이승만은 임정 중심의 과도정부 수립을 통해 정국 주도권을 장악하려는 임정의 구상을 가로막았다. 이승만이 미국을 방문하고 있던 1947년 3월 미국 대통령 트루먼은 공산주의 세력의 확대를 저지하기 위해 자유와 독립을 유지하려는 국가들을 지원하겠다는 '트루먼 독트린'을 발표했다. 미국이 대소對蘇 강경정책으로 선회함으로써 미소공동위원회의 파탄 가능성이 높아졌다고 판단한 이승만은 조속한 총선거에 의한 남한 과도정부 수립이 필요하고 임정법통론은 이에 방해가 된다고 생각했다. 이승만은 1947년 4월 27일 서울운동장에서 열린 귀국환영대회 연설을 통해 "미국 정책의 전환에 따라 우리가 미군정과 합작해서 우리 문제를 해결할 수 있게 되었으니 이제 우리는 대한임정의 법통을 고집할 필요가 없으며 이 문제는 보류해 두어야 할 것"이라고 주장했다. 그리고 이런 주장의 연장선에서 자기가 한국에 없는 사이에 추대 받은 임정 주석 취임을 거부했다.

하지만 이로써 임정 세력과 이승만의 연대 가능성이 사라진 것은 아니었다. 1947년 5월 재개된 제2차 미소공위가 7월에 이르러 정체 상태에 빠지자 양자의 연대가 다시 논의되기 시작했다. 1947년 7월 10일 이승만이 미소공위가 결렬될 경우 남한 지역에서 총선을 실시하기 위한 준비기관으로 한국민족대표자대회(민대·의장 배은희)를 구성하자, 국민의회는 '자율적 법통임정 수립의 민족과업을 완수하기 위한 통합'을 민대에 제의했다. 두 단체는 국민의회로의 통합에 합의하고 1947년 8월 8일 합동대회를 개최했다.

그러나 두 단체는 정국을 바라보는 입장 차이가 컸다. 민대는 미군정과의 협조를 강조한 반면, 국민의회는 독자적인 선거 실시를 주장했다. 또 국민의회는 입법의원으로 활동하는 사람의 배제를 요구했지만 민대는 이를 수용할 수 없다고 했다. 결국 두 단체의 통합은 이를 통해 '임정법통 정부' 추대운동을 강화하려는 임정 세력과 즉각적인 남한 총선의 동력을 얻으려는 이승만의 계산이 타협점을 찾지 못해 무산됐다.

이승만과 임정 세력이 통합하지 못한 원인의 하나는 '임정 법통'에 관한 입장 차이였다. 임정 세력은 임정이 중심이 돼 임정의 법통을 잇는 정부 수립을 원했다. 반면 이승만은 임정 법통 문제가 정부 수립에 장애가 된다면 잠시 접어두자는 입장이었다. 이승만은 1947년 5월 9일 "대한임정 법통 기관은 지금 문제 삼지 말고 아직 잠복 상태로 계속하였다가 정식 국회와 정식 정부가 수립된 후에는 의정원과 임정의 법통을 정당히 전임轉任시킬 수 있을 것"이라고 주장했다.

4. 이시영과 지청천, '이승만 지지'를 선언하다

국민의회와 한국민족대표자대회의 견해 차이가 좁혀지지 않는 가운데 1947년 8월 말 제2차 미소공동위원회가 결렬 상태에 빠졌고, 뒤 이어 미국과 소련은 각각 한반도 문제의 새로운 해결 방안으로 '유엔 감시 하의 전국총선'과 '미·소 양군의 동시철수'를 내놓았다. 그러자 국민의회는 민대와의 협력을 포기하고 '남북총선거' 노선으로 선회했다. 국민의회는 1947년 9월 1일 제43차 임시회의를 열고 "삼팔선을 존속시키고 조국을 영구 양분兩分할 위험성이 있는 남조선단독정부의 노선으로 향하고 있는 입법의원의 보통선거법에 의하야 시행하려는 남조선 총선거를 중지함이 당연하다"는 결의안을 채택했다. 그리고 한독당은 1947년 9월 27일 미국과 소련이 합의하여 유엔에서 남북 총선거로 통일정부를 수립하는 방안을 마련하라는 입장을 밝혔다.

국민의회는 이어 남북 총선거를 위한 선거법과 헌법 마련에 착수했다. 이는 비상국민회의 시절의 활동을 계승한 것이었다. 비상국민회의는 발족 이후 대한민국임시정부가 1944년 4월 개정한 마지막 헌법인 〈대한민국임시헌장〉을 기반으로 해방 후의 변화된 국내 현실에 적합하게 헌법과 선거법을 수정·제정하기로 결의하고 법제위원회를 중심으로 작업을 진행했었다. 이를 토대로 하여 1947년 12월 1일 개회된 제44차 국민의회 임시의회에 제출된 〈대한민국헌장〉은 전문前文 없이 총 7장, 53개조로 돼 있었다. 이는 〈대한민국임시헌장〉과 마찬가지로 국무위원회 주석의 권한이 강화된 내각책임제 형태였다. 특히

제2장 제6조 7항에 '국토와 인민을 분할하지 않는다'고 명기해 통일정부 수립을 지향한다는 점을 분명히 했다. 또 국민의회가 제정한 선거법은 대한민국 국민으로서 만 20세 이상인 사람과 만 25세 이상인 사람이 각각 선거권과 피선거권을 가지는 것으로 했다. 파렴치범과 민족반역자, 독립운동을 방해한 자, 친일파 등은 선거권과 피선거권이 제한됐다.

하지만 남한 총선거를 반대한 국민의회 결의안은 후폭풍을 불러왔다. 1946년 6월 독립촉성국민회 부위원장으로 취임하면서 사실상 임정을 떠난 뒤에도 한독당 당적을 유지하고 있던 신익희가 한국민족대표자대회 산하에 만들어진 총선거대책위원회 위원장을 맡으면서 한독당을 탈당했다. 또 임정의 대표적 원로인 이시영이 1947년 9월 25일 임정 국무위원과 의정원 대의원을 사퇴했다. 광복군총사령이었던 지청천도 1947년 9월 18일 임정 국무위원과 한독당 중앙집행위원을 사임했다. 지청천은 "청년운동에 여생을 바치기로 한다. 자주독립 국가를 건설하는 현 단계의 청년운동은 계급의식을 초월하고 생사와 영리를 청산한 후 민족정신을 앙양하고 위대한 민족역량을 강화하야 방위·생산·구호의 책임을 다하여야 할 것"이라며 앞으로 청년운동에 전념하겠다는 뜻을 밝혔다. 하지만 그는 "당면한 독립주권 회복 문제를 해결하기 위하야 총선거를 실시할 것이며, 민족정신이 확고한 이승만 박사를 지지한다."는 성명을 발

사진 20 1940년 9월 광복군 성립 전례식에서 지청천(왼쪽) 광복군 총사령이 김구 임정 주석과 함께 태극기 앞에 서 있다.

4. 이시영과 지청천, '이승만 지지'를 선언하다 125

표해 남한 총선거 실시에 대해 국민의회와 생각을 달리한다는 점을 분명히 했다.

이시영과 지청천의 이탈은 그들이 임정에서 차지하는 위상으로 볼 때 임정 세력에게 적지 않은 타격이었다. 이시영은 조선왕조의 명문가 출신으로 대한제국 시기에 고위 관리를 지냈고 애국계몽운동과 국권회복운동에 참여했다. 그는 1910년 일제에 나라를 빼앗기자 이회영 등 형제들과 함께 재산을 정리하여 중국으로 망명했다. 만주에서 신흥무관학교를 만드는 등 독립운동을 벌였으며, 3.1운동이 일어나자 대한민국임시정부 수립에 참여하여 법무총장·재무총장을 역임했다. 1930년 한국독립당 창당에 참여하여 감찰위원장을 맡았고 이후 임정 국무위원·재무부장, 임시의정원 의원 등으로 활동했다. 임정이 수립된 뒤 한 번도 임정을 떠나지 않고 고락을 함께하며 김구 등 수뇌부의 울타리가 됐던 이시영은 환국 당시 임정의 최고 원로였다. 그는 고국에 돌아온 뒤에도 임정 국무위원과 한독당 고문으로 반탁운동 등에 힘을 보탰다.

이시영이 임정을 떠나면서 표면적으로 내세운 이유는 국민의회 상임위원회가 국무위원회의 결재와 지시 없이 권리를 남용하여 결의안을 통과시켰다는 것이었다. 하지만 1947년 10월 발행된 잡지 《신태평양》은 이시영이 남한만의 단독정부 수립

사진 21 1948년 7월 24일 서울 중앙청 앞마당에서 열린 정·부통령 취임식에서 이시영 부통령이 취임사를 하고 있다.

을 반대한 국민의회 결의가 위헌이라고 주장하며 탈퇴했다고 보도했다. 이후 대종교의 직책을 제외한 모든 공직에서 물러나 있던 이시영은 1948년 1월 유엔한국임시위원단이 서울에 들어온 뒤 남한 단독정부 수립을 분명하게 지지하고 나섰다. 그는 소련이 유엔한국임시위원단의 입북入北을 거부하자 1948년 1월 18일 남한 지역 총선거의 불가피성을 역설하는 다음과 같은 성명을 발표했다.

나는 금일 이 시간까지나 금후라도 남북통일 독립국가를 염원

한다. 그러나 국제정견의 차이와 각처 그 소망의 불협不協으로 일치점을 얻기 어렵다. 약소민족을 부식扶植한다는 신호를 잘 지켜왔다면 미소공위가 2년 전에 한국 문제를 해결하였을 것이다. 금번에도 소련이 종시 거부한다면 우리는 다 죽어가는 동포를 그대로 볼 것인가. 유엔단團이 이 기회를 잃고 돌아간 뒤에 이런 회합이 다시 있을까. 우리의 주권을 세워놓고 동포 구제와 군정 철폐의 긴급성을 전제삼아 재남在南 이천만 대중의 멸절滅絶을 만회함에 급선急先 착수하는 것이 현실에 적합한 조처라고 본다. … 함선이 침몰케 된 찰나에 전반 생명을 유루 없이 구제하는 것이 당연하지마는 시간상 또는 기술적 한도에 미치기까지 구호하는 것도 피치 못할 일이다. 한 사람이라도 못 건진다면 차라리 다 죽어도 무방하다는 논조는 현실에 가능치 못하고, 일단 격론망담激論妄談이다. 동포여, 이 비상시국에 처하여 사중구생死中求生의 길로 일치하기를 바라나이다.

이시영은 김구와 김규식 등이 뒤이어 추진한 남북협상에도 부정적이었다. 그는 김구가 평양에서 열린 남북연석회의에 참석하고 서울로 돌아온 뒤인 1948년 6월 10일 경교장으로 김구를 찾아가 이렇게 말했다.

이 길이 어디까지 가는 길인가? 남로당南勞黨과 북로당北勞黨

이 몇십 배의 강한 힘을 가지고 서울이 불바다 피바다로 화하게 뒤집어 놓아서 하지가 동경으로 피란을 갈 지경까지라면 모르거니와 그저 미온적으로 종결점이 나설 리가 없지 아니한가. 남북협상 추진이니 강화니 하는 것도 한두 번이지, 열 번 되풀이해야 호응할 사람이 몇이나 되며, 군소단체의 잡음과 학생들의 선동 등등, 이 뉘라 조종한 바는 아니라 할지라도 은연중 지목받는 것이 뉘게로 가는 것인지를 모르는가? (박창화, 《성재 이시영 소전》, 103쪽)

임정 세력은 일부 주요 인사들의 이탈로 정치적 입지가 손상을 입었지만 미·소 양군兩軍이 철수한 뒤 유엔 감시 아래 남북총선을 실시해서 통일정부를 수립한다는 구상을 포기하지 않았다. 1947년 10월 16일 한독당은 ▲ 38선 타개(미·소 양군 철퇴) ▲ 남북 통일선거의 절차와 집행 ▲ 국민의회의 완성 ▲ 중앙정부의 조직 ▲ 유관 우방과의 교섭 등을 논의하기 위해 남북대표자회의를 조직할 것을 결의했다. 이어 1947년 11월 2일에는 남북대표자회의에 긍정적인 입장을 보인 남한의 12개 정당을 규합하여 각정당협의회(정협)를 구성했다. 이들은 남북한을 분할 점령한 미국과 소련으로부터 정권을 이양 받아서 남북총선과 양군 철수를 주도하고 유엔과의 관계를 풀어간다는 원칙을 세웠다.

하지만 남한 단독정부 추진파를 제외한 광범위한 정치세력이 연합한 정협은 그 내부에 지향점을 달리하는 두 그룹이 존재했다. 임정 세력은 정협의 활동성과를 국민의회로 집중시켜서 정권을 접수한 뒤 유엔의 협조를 받아 남북한 총선을 실시한다는 구상이었다. 하지만 중도좌파 정당들은 유엔의 개입을 반대하고 미·소 양군 철수 뒤에 우리 민족의 손으로 남북한 총선을 실시하자는 입장이었다.

1947년 11월 14일 유엔총회가 '유엔 감시하의 남북한 총선거, 총선거 실시를 보장하기 위한 유엔한국임시위원단 파견'을 결의하자 양자의 입장 차이는 표면화됐다. 1947년 11월 17일 중도좌파 정당들의 주도로 정협이 유엔 결의안을 비판하는 성명을 채택하자 국민의회와 한독당은 '정협 참여 보류'를 선언했다.

5. 김구, 남한 단독정부를 받아들이다

임정 세력은 "유엔의 협조 아래 국민의회가 주도하는 남북 총선을 통해 임정법통을 계승하는 대한민국을 수립한다."는 구상이 벽에 부딪치자 다시 한 번 우익 진영의 통합을 모색하는 방향으로 선회했다. 김구는 1947년 11월 30일 이승만과 회동한 뒤 다음과 같은 성명을 발표했다.

우리의 통일정부가 수립될 것은 문제도 없는 일이나 만일 일보 一步를 퇴退하여 불행히 소련의 방해로 인하여 북한의 선거만은 실시되지 못할지라도 추후 하시何時에든지 그 방해가 제거되는 대로 북한이 참가할 수 있게 하는 것을 조건으로 하고 의연히 총선거의 방식으로 정부를 수립하여야 한다. 그것은 남한의 단독정부와 같아 보일 것이나 좀 더 명확히 규정한다면 그것도 법리상으로나 국제관계상으로 보아 통일정부일 것이요 단독정부는 아닐 것이다.

김구의 이 성명은 임정 세력이 남한 단독정부를 수용할 의사가 있음을 밝힌 것이었다. 북한 지역의 선거가 소련의 방해로 불가능하다면 남한에서 먼저 총선거를 실시해 정부를 수립한 뒤에 상황이 될 때를 기다려 북한 지역도 선거를 실시하는 것이 불가피하다는 인식이었다. 그럴 경우 먼저 남한에 수립되는 정부가 외관상으로는 단독정부처럼 보일 것이지만 법리상이나 국제관계에서 따지면 통일정부라는 주장이었다.

이승만과 김구는 1947년 12월 1일 국민의회 제44차 임시회의에 함께 참석했다. 이승만은 남한 지역의 조기 총선거 실시와 남한 정부 수립 후 북한과의 통일을 주장했다. 김구는 이승만과 의견이 완전히 일치했다며 남한 총선을 통해 정부가 수립되면 곧 전국 정부라고 역설했다. 두 사람은 한국민족대표자대회를 해체하고 국민의회에 통합시킬 것에도 합의했다. 1947년 12월 2일 두 단체는 "국민의회가 마련한 의원선거법에 의해 최속最速한 기한 내에 자율적으로 총선거를 단행함. 단 유엔 감시 선거가 우리의 기도에 일치할 시는 우리는 차此에 협력할 것"이라는 협상서를 체결했다.

임정 세력이 '남북한 총선거 실시'에서 '남한 단독정부 수용'으로 급격하게 입장을 전환하는 것이 어떻게 가능했을까? 그것은 임정의 '남북총선론'이 기본적으로 '임정법통 정부의 전국적 확대 실현'이라는 목표 아래 추진된 것이었고, 대단히 공격적인 우익 중심의 통일론에 입각해 있었기 때문이었다. 임정 세력은 강력한 반소反蘇·반공反共 입장에 서 있었다. 이들은 남한만의 독립은 북한 지역을 소련에 넘겨주는 것이고, 소련의 병탄적倂呑的 야심에서 북방의 동포를 구출하기 위해 남북통일을 해야 한다고 주장했다. 이용기 한국교원대 교수는 "임정 세력이 남북총선을 추진한 것은 총선 실시의 주도권을 장악하기 위한 명분이었고, 남한 단정이 불가피할 경우 임정 주도로 수립되는 남한 정부가 역사적 정통성과 민족적 대표성을 갖는다고 주장하기 위한 것이었다."고 설명한다.

그러나 유엔한국임시위원단의 입국을 앞두고 국민의회를 중심으로 우익 진영이 통합하려는 움직임은 1947년 12월 2일 발생한 장덕수 살해 사건으로 무산됐다. 동아일보 주필과 보성전문 교수를 역임했고 당시 한민당 정치부장이었던 장덕수는 현직 경찰인 박광옥과 초등학교 교사 배희범 등이 쏜 총을 맞고 사망했다. 경찰은 이들이 모두 한독당 당원이었고, 장덕수가 한민당과 한독당의 통합에 반대해 온 점을 들어 한독당 관계자들이 살해의 배후에 있다고 보았다. 미군정은 김구가 장덕수 살해의 교사자일 가능성도 있다고 지목했다.

그렇지 않아도 1946년 12월 말 발생한 송진우 살해 이후 사이가 악화돼 있던 임정 세력과 한민당 사이에 장덕수 살해를 계기로 극도의 적개심이 형성됐다. 한민당은 또 장차 세워질 남한 단독정부에 임정 세력이 참여해 권력을 다투는 것을 원하지 않았다. 한민당 소속이었던 장택상 수도경찰청장은 1947년 12월 12일로 예정됐던 한국민족대표자대회와 국민의회의 통합대회를 금지시켰고, 민대 또한 국민의회와의 통합을 보류했다.

좌·우익이 격돌하던 해방 정국에서 우익의 3대 정치 세력 가운데 두 축을 형성했던 임정 세력과 한민당이 돌아올 수 없는 적대 관계에 놓이자 이승만은 양자택일의 기로에 놓이게 됐다. 눈앞으로 다가온 남한 총선거와 정부 수립을 생각할 때 이승만은 오랜 해외망명에서 돌아온 임정 세력의 '명분'보다는 전국적으로 방대하고 강력한 조직을 갖고 있던 한민당의 '실리'가 필요했다. 결국 이승만은 장덕수 살해 사건으로 위기에 빠진 김구가 도와달라고 내미는 손길을 외면했다.

김구는 연달아 이승만을 방문해 국민의회와 한국민족대표자대회의 통합 문제를 논의했다. 그러나 이승만의 반응은 냉담했다. 그는 민대 측 교섭위원들에게 국민의회 측과의 협상을 중단하도록 지시했다. 분노한 김구는 1947년 12월 22일 "우리가 원하는 바도 자주통일정부요, 그들이(유엔한국임시위원단) 우리를 위하여 독립하여 주겠다는 정부도 남북을 통한 총선거에 의한 자주독립의 통일정부다. 그러므로 우리는 여하한 경우에든지 단독정부는 절대 반대할 것이다."라는 성명을 발표했다. 이승만이 구원의 손길을 내밀지 않자 김구는 다시 '남한 단정 반대' 입장으로 돌아선 것이었다.

이로써 이승만과 임정 세력은 결정적으로 갈라섰고, 각자의 길을 걸어가기 시작했다. 이승만은 1947년 12월 20일 독촉과 민대를 중심으로 유엔한국임시위원단과의 협의에 대비하는 기구로 한국민족대표단을 구성하도록 했다. 이어 유엔한국임시위원단이 입국하자 1948년 1월 16일 이승만을 지지하는 우익 진영 주요 단체의 대표자들이 총선거를 준비하는 조직인 정당·단체대표자회의를 발족했다.

. 다시 돌아서며 던진 최후 승부수 '남북협상'

1948년 초 미군정의 압박과 우익 진영의 국민의회 배제로 정부 수립 과정에서 힘을 잃어가고 있던 임정 세력은 최후의 승부수로 '남북협상'을 선택했다. 김구는 1948년 1월 26일 유엔한국임시위원단과의 협의에서 ▲ 남한 단독선거 반대 ▲ 미·소 양군 철퇴 ▲ 남북지도자회의 등의 내용을 담은 의견서를 제출했다. 남한 단독정부를 추진하는 이승만과의 합작을 포기하고, 남북협상을 모색하고 있던 김규식과의 연대를 선택한 것이었다.

김규식은 1946년 중반 이후 미군정의 적극적인 후원 아래 좌우합작을 주도해 왔지만, 1947년 3월 미국이 공산주의 세력의 확대를 저지하겠다는 〈트루먼 독트린〉을 발표하고 뒤이어 제2차 미·소 공동위원회가 결렬되는 등 냉전이 본격화되면서 정치적 입지가 급격히 좁아졌다. 그는 이런 상황을 돌파하기 위해 중간파를 규합하여 1947년 12월 민족자주연맹을 결성했다. 이 과정에서 중간파는 정국의 흐름을 전환시킬 수 있는 카드로 남북협상을 들고 나왔다. 중간파를 앞세워 남북협상 가능성을 타진하던 김규식은 김구도 남북협상으로 선회한 것을 확인하자 1948년 1월 27일 유엔한국임시위원단과의 협의를 마친 뒤 서울에서 남북요인회담을 개최하자는 담화를 발표했다.

김구와 김규식은 이어 남북협상을 위한 행동에 나섰다. 두 사람은 1948년 2월 16일 북한의 김일성과 김두봉에게 남북한 지도자들의 정치협상을 제안하는 편지를 보냈다. 서울의 소련군대표부를 통해서 전달된 양김兩金씨의 서한은 김일성과 김두봉이 서울로 내려와서 남북요인회담을 갖자는 내용이었다.

유엔한국임시위원단의 인도 출신 의장 메논, 캐나다 대표 패터슨, 중국 대표 유어만 등은 남북요인회담 제의에 관심을 나타냈다. 김구와 김규식은 메논 의장에게 남북요인회담 알선을 요청했다. 유엔한국임시위원단은 북한 측의 회답이 오면 곧 열리는 한국 문제를 논의하는 유엔소총회에서 이에 관해 논의하기로 했다. 메논 의장은 유엔소총회 보고 연설에서 한국 문제를 해결하는 4개의 방안 가운데 제3안으로 "남북한의 지도자회담 같은 한국의 민족적 독립을 확립할 다른 가능성을 탐구한다."를 포함시켰다. 하지만 북한으로부터 아무런 회답이 없자 유엔소총회는 1948년 2월 26일 메논이 제시한 4개 방안 가운데 제1안인 '총선거는 가능한 지역인 남한에서만 추진한다.'

를 31대 2로 통과시켰다.

　김구와 김규식의 남북협상 제의에 대해 한 달 넘게 반응을 보이지 않던 김일성은 1948년 3월 25일 평양방송 연설을 통해 "북조선민주주의민족통일전선 중앙위원회가 유엔 결정과 남조선 단선·단정을 반대하고 조선의 통일적 자주독립을 위하는 전조선정당사회단체대표자연석회의를 4월 14일부터 평양에서 개최할 것을 결정했다."고 말했다. 이는 김구와 김규식의 남북 요인회담 제의에 대한 수락은 아니었다. 남북협상의 규모를 '요인 회담'에서 '정당·사회단체 회합'으로 확대해서 역제의한 것이었다. 이어 1948년 3월 27일 김구와 김규식을 평양 연석회의에 초청하는 김일성과 김두봉 명의의 서한이 서울에서 활동하고 있는 김일성의 공작원 성시백을 통해서 전달됐다. 성시백은 해방 전 중국공산당 당원으로 중경에서 임정을 상대로 하는 통일전선공작에 종사했기 때문에 김구를 비롯한 임정 요인들과 친분이 있었다. 김구와 김규식은 1948년 3월 31일 공동성명을 통해 "미리 다 준비된 잔치에 참례만 하라는 것이 아닌가 기우가 없지 않다. 그러나 우리 두 사람은 남북회담 요구를 한 이상 좌우간 가는 것이 옳다고 본다."며 김일성과 김두봉의 초청을 수락했다.

　김구는 1948년 4월 19일 상당수 인파의 만류를 무릅쓰고 북행北行길에 올랐다. 조소앙·조완구·엄항섭·김붕준·최동오 등

사진 **22** 1948년 4월 남북협상을 위해 평양으로 가던 김구가 38도
선 경계에 서 있다. 김구의 왼쪽은 비서 선우진, 오른쪽은 작은
아들 김신.

임정 요인들이 그를 따랐다. 남북협상에 회의적이었던 이시영·지
청천·유림 등 임정의 옛 동지들은 김구의 평양행을 말렸지만
그는 듣지 않았다.

대한민국임시정부가 환국한 뒤 중국에 남아 주화駐華대표단 단장으로 중국 정부와의 연락 업무를 담당하던 김구의 측근 박찬익은 김구의 북한행을 말리기 위해 급거 귀국길에 올랐다. 당시 중국에서 제2차 세계대전이 끝난 뒤 국민당과 공산당의 내전이 재개돼 격화일로에 있는 것을 지켜 본 박찬익은 한국도 공산당과의 협상이 무의미하고 불가능다고 판단했다. 그는 우익이 김구와 이승만을 중심으로 단결하는 것이 더욱 중요하고 시급하다고 생각했다. 박찬익은 이런 입장을 김구에게 말하고 평양행을 막기 위해 남경에서 상해·홍콩·인천을 거쳐 1948년 4월 19일 오후 경교장에 도착했지만 이미 김구는 떠난 뒤였다.

　신익희도 1910년을 전후한 일본 유학 시절부터 절친한 사이인 조소앙을 설득하기 위해 그를 찾았다. "이봐 소앙! 이미 우리가 중국에서 임시정부 때부터 공산당이 어떠한가는 두 눈으로 보고 또 실제로 뼈저리게 체험하지 않았나? 그래 공산당의 술법을 누구보다 잘 알고 있는 소앙이 민심을 교란시키면서까지 이북에 가겠다는 속셈은 대체 무엇인가?"라고 신익희가 면박을 주자 조소앙은 "여보 해공! 나를 설득시킬 생각은 말고 해공도 나와 함께 일을 추진해야지! 그래 해공도 정치적으로 동지적 의리가 있어야 될 게 아냐?"라고 대답하면서 평양행 뜻을 굽히지 않았다.

김규식은 자신의 당초 구상과 달리 평양에서 열리는 남북협상에 참석을 망설이다가 1948년 4월 21일 평양으로 출발했다. 홍명희·원세훈 등 민족자주연맹에서 그와 함께 활동하던 중간파들도 북으로 향했다.

1948년 4월 20일 평양에 도착한 김구는 4월 19일부터 26일까지 모란봉극장에서 개최된 연석회의에 22일 참석했다. 1948년 4월 22일 평양에 온 김규식은 건강을 핑계로 연석회의에는 참석하지 않고 4월 25일 평안남도 도청 앞 광장에서 열린 환영 시민대회와 연회에만 참석했다.

소련군사령부가 짜놓은 각본대로 김일성이 주도한 연석회의는 남한과 미국에 대한 일방적 비난이 넘쳐났다. 연석회의는 다음과 같은 내용의 〈조선 정치정세에 관한 결정서〉를 채택했다.

미국정부는 조선인민의 대표도 참가함이 없이 또한 조선인민의 의사에도 배치되는 조선 문제를 비법적非法的으로 유엔총회에 상정시켰다. 조선인민의 절대다수가 다 같이 유엔위원단 그 자체를 단호 거부하며 그 행동을 배격함에도 불구하고 미국정부는 유엔소총회를 이용하여 남조선 단독선거를 실시하고 남조선 단독정부를 수립할 것을 결정하였다. … 이런 조국의 가장 위기가 임박한 이 시기에 남조선에서는 우리 조국을 분할하고 외국에 예속시키려고 조국을 팔아먹는 매국노들이 발호하고 있다. … 남조선 단독선거

배격 운동을 적극적으로 전개함으로써 남조선 단독선거를 파탄시키어 조선에서 외국군대를 즉시 철퇴시키며 조선의 통일적 민주주의 자주독립 국가를 수립할 권리를 반드시 실현시키기 위하여 강력히 투쟁해야 할 것이라고 인정한다.

김구와 김규식은 전조선정당사회단체대표자연석회의와 별도로 김일성 등과의 회담을 요구했다. 1948년 4월 27일과 30일 남북 지도자 15인이 참가하는 '남북제정당사회단체지도자협의회', 이른바 '남북요인회담'이 열렸다. 이들은 ▲ 미·소 양군 즉시 철퇴 ▲ 철퇴 후 내란이 발생할 수 없다는 것에 대한 확인 ▲ 전 조선 정치회의 소집 후 선거를 통한 정부 수립 ▲ 단독선거 반대 등 4개항의 공동성명서를 발표했다. 김구는 한독당, 김규식은 민족자주연맹을 대표하여 서명했다.

김구·김규식·김일성·김두봉이 자리를 함께 한 이른바 '4김金회담'도 1948년 4월 26일과 5월 3일 개최됐다. 김구와 김규식은 ▲남한에 대한 송전送電 계속 ▲연백수리조합 개방 ▲조만식 월남 허용을 김일성에게 요구했다. 김일성은 남한 사람들의 일상생활에 도움을 주는 앞의 두 가지 요청은 받아들이겠다고 했지만, 북한의 대표적 우파 지도자인 조만식을 석방해서 남한으로 보내라는 세 번째 요청은 소련군 관할이고 자신에게 권한이 없다며 거절했다. 하지만 김구와 김규식이 남한으로 돌아온 뒤 앞의 두 가지 요청에 대한 승락도 결국 이행되지 않았다.

1948년 5월 5일 서울로 돌아온 김구와 김규식은 공동성명에서 "우리의 북행은 우리 민족의 단결을 의심하는 세계 인사에게는 물론이요 조국의 통일을 갈망하는 다수 동포들에게까지 금반 행동으로 많은 기대를 이루어 준 것"이라고 말했다. 김구는 "이번 일로 크게 소득을 말할 것은 없지만 남북의 우리 동포는 통일적으로 영구히 살아나가야 된다는 기초를 튼튼히 닦아 놓았다. 모든 것이 첫 숟가락에 배 부르는 것은 아니다. 그러나 내가 다시 한두 번이라도 내왕하면 우리의 목적은 달성하리라는 자신감을 가지고 있다."고 말했다. 김규식은 "공동성명에도 있는 바와 같이 생각했던 이상의 성과를 거두었다. 그만큼 문을 열어 놓았으니 대중이 통일에 대해서 추진시키도록 힘써야 할 것이다. 한 사람이나 두 사람의 힘으로 되지 않을 것이다."라고 말했다.

평양 남북협상에 참가했던 인사들이 서울로 돌아온 직후인 1948년 5월 10일 대한민국의 초대 국회의원을 뽑기 위한 총선거가 실시됐다. 그리고 제헌국회가 구성되고 정부 수립 작업이 본격화되자 남북협상에 참가했던 정치세력들은 남한 정부에 참여하는 문제를 놓고 논의하기 시작했다. 민족자주연맹을 중심으로 하는 중간파와 한독당은 '통일독립노선'을 다시 한 번 확인하고 함께 연석회의를 구성했다. 1948년 5월 30일 제헌국회가 개원하고 일주일 남짓 지난 1948년 6월 7일 김구와 김규식이 "통일 없이 독립 없다"로 시작되는 공동성명서를 발표했다. 그리고 다시 한 달 반이 지난 1948년 7월 21일 한독당과 민족자주연맹 산하 14개 중간파 정당은 통일독립촉진회(통촉)를 결성했다. 대한민국 정부에 참여하지 않은 인사들이 결집한 통촉은 5.10선거 무효화 운동, 전국정치회의 소집, 유엔에 독자대표 파견 등을 활동 방향으로 잡았다.

하지만 김구와 김규식을 비롯한 통일독립논자들이 겉으로 표명한 것처럼 남북협상에 대해 낙관적인 전망을 가졌던 것은 아니었다. 이는 이들이 제1차 남북협상이 끝난 지 한 달 반 뒤에 김일성 등이 다시 제안한 제2차 남북협상에 응하지 않은 데서 알 수 있다.

그해 6월 17일 김일성과 김두봉이 김구와 김규식에게 제2차 남북지도자회의와 4김 회담을 6월 25일 해주에서 열자고 제안하는 서한을 보내왔다. 두 달 전 평양에서 열렸던 제1차 남북협상 이후 정세가 많이 변했으므로 다시 만나서 대처방안을 논의하자는 것이었다. 이에 대해 김규식은 자신과 김구가 해주에 가는 것은 불가능하다며 서울에서 4김 회담을 열 것을 역제안하는 답신을 보냈다. 김구는 남북협상의 장소·일시·토의 내용 등을 협의하기 위해 제1차 남북협상 후 평양에 머물고 있는 홍명희가 연락위원으로 서울에 올 것을 요청하는 답신을 보냈다.

김구와 김규식의 답신에 대해 김일성과 김두봉이 반응을 보이지 않는 가운데 1948년 6월 29일부터 7월 5일까지 해주에서 제2차 남북지도자협의회가 열렸다. 북한의 15개 단체 대표 16명, 남한의 17개 단체 대표 17명은 북한에 새로운 정부를 수립할 것을 결정했다. 제2차 남북협상에 참가한 남한 쪽 정당·사회단체는 남조선노동당을 비롯해서 좌파가 대부분이었고, 일부 중간파 세력이 가담한 정도였다.

제2차 남북지도자협의회의 결정에 따라 1948년 7월 중순부터 8월 초까지 북한 지역에서 정부 수립을 위한 최고인민회의 대의원 선거가 실시됐다. 남한 지역에서도 남로당의 주도에 의해 이른바 '지하선거'가 실시됐다. 그리고 이 지하선거를 통해 선출됐다는 남한의 대표자들이 1948년 8월 21~26일 해주에서 남조선인민대표자대회를 열고 360명의 남한 지역 최고인민회의 대의원을 선출했다. 이들과 북한 지역 대의원들이 참가한 가운데 1948년 9월 2일 최고인민회의 제1기 1차 회의가 개막됐고, 9월 9일 조선민주주의인민공화국 수립이 선포됐다.

김일성과 김두봉은 제2차 남북지도자협의회가 끝나갈 무렵인 1948년 7월 4일 김구와 김규식에게 1948년 4월 30일 공동성명은 이제 맞지 않으며 북한에 즉시 중앙정부를 수립해야 한다고 주장하는 서한을 보내왔다. 김규식은 이에 대해 북한에 단독정권을 수립하는 것은 통일에 도움이 되지 않으니 재고해야 한다는 답신을 보냈다. 김구와 김규식은 1948년 7월 19일, 북한의 정권 수립을 비판하고 제1차 남북지도자협의회 공동성명서의 실천을 촉구하는 성명을 발표했다. 통촉도 2차 남북지도자협의회에 참가한 산하 정당과 단체에 대한 제재에 착수했다.

이처럼 임정 세력과 김규식 등 중간파는 남북한 양쪽의 단독정부에 대해 모두 비판적인 입장을 견지하려고 했다. 하지만 이미 남북한 각각에 정부가 수립되고 미·소 간에 냉전이 점차 심화되는 상황에서 남북협상파들이 설 수 있는 공간은 점점 좁아져 갔다. 이들에게 냉철한 현실 인식에 입각한 결단의 순간이 다가오고 있었다.

4

대한민국정부 수립 후
격랑에 싸인 임정

1

한독당 2인자 조소앙, '대한민국 지지' 깃발을 들다

임정 세력이 최후의 승부수로 빼들었던 남북협상이 실패로 끝나고 대한민국정부 수립이 순조롭게 진행되자 한독당 내부에서 대한민국 참여 여부를 놓고 거센 논쟁이 벌어졌다. 김구의 평양행을 막기 위해 급거 귀국했던 박찬익은 대한민국 참여를 적극 주장했다. 그는 김구에게 자신의 잘못된 판단을 국민에게 밝히고 잠시 정계를 은퇴했다가 때를 보아 다시 복귀해서 민족진영의 단결을 위해 힘쓸 것을 권유했다. 하지만 김구는 이를 받아들이지 않았다.

대한민국 참여를 가장 적극적으로 주장한 사람은 한독당 부위원장으로 위원장 김구에 이어 2인자였던 조소앙이었다. 조소앙은 1947년 말 각정당협의회(정협) 의장으로 '남북 통일선거'와 '남북 대표자회의'를 추진한 주역이었고, 1949년 3월 남북협상의 당위성을 주장하는 '7거두巨頭 공동성명'에도 김구·김

사진 23 환국 후 정치활동을 하던 무렵의
조소앙

규식·김창숙·조완구·조성환·홍명희와 함께 참여했다. 또 평양
남북협상 때는 연석회의에서 주석단의 일원으로 선임됐고, 남
북요인회담에 참여한 15인 가운데 한 명이었다. 김구보다 남북
협상에 더 적극적이었던 조소앙은 평양 남북협상에 크게 실망
한 뒤 '통일독립 노선'을 포기하고 '남한 단정 지지'로 돌아섰다.

　　조소앙은 막역한 친구인 신익희의 간곡한 만류도 뿌리치고
평양으로 갔지만 소련군정이 짜놓은 각본대로 진행되는 연석
회의를 지켜보면서 자신이 생각했던 남북협상이 불가능하다는

사실을 깨닫게 됐다. 그는 서울로 돌아온 뒤 가진 인터뷰에서 "이번 방북길은 완전히 실패다. 우리는 완전히 모욕당하고 들러리를 섰다."고 분개했다. 조소앙은 1950년 제2대 국회의원을 뽑는 5·30 총선 출마를 앞두고 발표한 글에서 이때 상황을 다음과 같이 회고했다.

　　과거에 남한 각 정당의 공동견해를 발견코자 하던 노력이나 남북 지도층들이 공통된 원칙을 발견하기 위하여 이른바 13정협政協, 남북협상도 민족운동 과도 단계에 없을 수 없는 보추步趨이었다. 이러한 과정하에서 특히 남북협상의 목적한 바는 부득불 국제 결정을 합리하게 전변시키기 위하여, 또는 남북동포의 최대결심을 고동鼓動키 위하여 비전체적인 선거가 우리 앞에 와주지 말고 오직 전체적인 선거가 오도록 국민에 향하여 동의할 권리를 발동할 따름이었다. 그러나 북방은 소련 코민포름 지령하에 강대한 권력과 무력을 배경으로 한 데 대하여 우리는 진정한 민중을 기반으로 한 정당·사회단체의 대표로서 대하게 되어 도저히 상대가 되지 않았으므로 결국 실패에 돌아간 것이다. 우리는 남한으로 돌아오면서 민족진영의 재편성 내지는 대동단결의 필요성과 가능한 지역에서의 선거로 우리의 정부를 수립하여 민족진영의 기반을 공고히 하여야 하겠다고 가슴깊이 느꼈던 것이다.　　（강조점은 필자）
（〈5·10총선거와 나의 정국관(政局觀)〉,《삼천리》, 1950년 4월호）

조소앙이 만들고 이끌던 삼균주의청년동맹은 제헌의원 선거가 실시된 1948년 5월 10일 〈한국 정치정세에 대한 결정서〉와 〈남북회담에 관한 결정서〉를 발표했다. 전자는 남한 단독정부를 한반도를 통합하는 정부로 발전시키기 위한 과도적 정부로 인정한다는 입장을 표명했고, 후자는 남북회담의 기본 취지에는 찬성하지만 그것이 올바른 통일운동이 되기 위해서는 실질적인 집행능력과 자유의사를 갖춘 양쪽 정부가 당사자로 나서야 한다고 주장했다.

임정 세력 안의 대한민국 참여 논란은 이승만이 제기한 '임정법통 계승' 논쟁으로 더욱 가열됐다. 이승만은 1948년 5월 31일 제헌국회 개원식에서 임시 국회의장으로서 한 연설을 통해 제헌국회가 '기미년(1919년)에 13도 대표들이 서울에서 모여 개최한 국민대회의 계승'이며, 제헌국회가 건설하는 정부는 '기미년에 서울에서 수립된 민국 임시정부의 계승'이라고 선언했다.

대한민국임시정부가 3·1운동 이후 전개됐던 독립운동의 정통성을 잇고 있다는 '임정법통론'은 임정 세력이 환국 후 정부 수립 운동을 주도할 수 있는 주된 논거였다. 국내외의 좌파 정치세력은 이를 부인하거나 도전했지만 우파 정치세력과 일반인에게는 여전히 상당한 호소력을 지니고 있었다.

임정 세력이 독점하고 있던 '임정법통론'에 대해 이승만은

"정부와 국회가 수립된 이후에 논의해도 늦지 않으니 보류해 두자"는 입장을 여러 차례 표명했다. 그러다가 남한 총선거가 확정된 뒤인 1948년 3월 1일 3·1절 기념사를 통해 "이번 총선 거로 세우는 정부는 기미년 한성漢城에서 세운 임시정부의 계 통으로 통일국권을 회복하는 것"이라며 '한성정부 법통론'을 들고 나왔다. 1919년 3·1운동 후 국내의 한성과 국외의 상해· 연해주에 각각 임시정부가 만들어졌고, 1919년 9월 이들 3개 의 임시정부가 한성정부의 법통성을 인정하면서 통합돼 상해 에 자리 잡았다. 이승만은 자신이 최고위직인 집정관총재로 추 대됐던 한성정부의 법통 계승을 들고 나오면서 '임정법통론'의 상징성을 접수하려고 했다. 이승만의 제헌국회 개원사는 역사 적으로 중요성을 지니는 자리에서 이를 다시 한 번 밝히고 강 조한 것이었다.

이에 대해 김구는 1948년 6월 7일 기자회견에서 "이승만이 제헌국회 개원식에서 '임정법통 계승'을 표명했는데 어떻게 생 각하느냐"는 질문을 받자 "현재 의회의 형태로서는 대한민국임 시정부의 법통을 계승하는 아무 조건도 없다고 본다."고 답변 했다. 이어 1948년 7월 1일 제헌국회가 국호를 대한민국으로 확정하자 김구는 "대한민국의 국호나 법통도 반 조각 정부로서 는 계승할 근거가 없다"고 말했다.

대한민국이 임정법통을 계승했는지를 놓고 이승만과 김구 사이에 논쟁이 벌어지자 임정 최고의 이론가였던 조소앙은 이승만에 가까운 입장을 표명했다. 그는 1948년 7월 10일 "대한민국의 국호와 임정법통을 계승하였다는 국회의장 이박사의 말을 어떻게 보는가?"라는 기자의 질문에 "국호를 대한민국으로 해서 독립운동의 정맥正脈을 계승하게 된 것은 당연하게 생각한다. 그리고 환국 전 중경에서 발표한 임시정부 당면정책 가운데 제6·7·8의 3항項에 규정된 문자로 보아 법통 운운의 해석 여하는 공론에 맡긴다."고 답했다. 대한민국 정부가 독립운동의 정통을 잇고 있다고 인정하면서도 임정법통의 계승 여부에 대해서는 분명한 입장을 밝히지 않은 것이다. 하지만 그는 제헌국회에서 정·부통령 선거가 끝난 뒤인 1948년 7월 24일 기자 인터뷰에서 "신생 대한민국 정부를 지지할 용의가 있는가?"라는 질문에 "대한민국은 과거 30년간 지지하여 왔으며 지금은 국내 다대수多大數가 공동 지지하게 된 것을 기뻐하는 바이다."라고 하여 대한민국 정부 지지 입장을 분명하게 밝혔다.

대한민국 정부 출범을 앞두고 이승만 초대 대통령이 내각을 구성하고 있을 때 제헌국회에서 상당한 비중을 차지했던 무소속 의원들이 조소앙을 국무총리로 추천했다. 이승만의 후임으로 국회의장에 선출된 신익희도 절친한 친구였던 그를 적극 밀었다. 하지만 이승만 대통령은 조소앙이 5·10 선거에 참여하지 않고 남북협상에 참가했던 점을 들어 국무총리로 기용하지 않았다. 그 대신 임정의 최고 원로인 이시영을 부통령으로 밀었고, 광복군 참모장이었던 이범석을 국무총리 겸 국방장관으로 등용했다.

조소앙은 1948년 8월 15일 대한민국 정부가 출범하자 한독당이 대한민국 정부를 부정하는 입장을 버릴 것을 촉구했다. 그리고 자신의 뜻이 받아들여지지 않자 한독당을 탈당하여 새로운 정당인 사회당을 만들었다. 그는 1948년 10월 11일 〈한독당 탈당 성명서〉에서 대한민국 정부가 대한민국임시정부의 법통을 계승하였음을 더 분명하게 명시적으로 선언했다.

독립운동 역사상 대한민국은 본질적으로 시간성과 공간적으로 단계적 생장발전을 내포한 독립운동의 최고기관이므로 돌연히 완성되어 국토완정國土完整과 주권통일과 민족신앙을 제조하기는 거의 불가능한 정세이므로 30년 긴 세월을 통하여 겨우 13도 중 8도의 영역과 3천만 중 2천만 국민의 민주주의 전형 위에 입각하게 되었다. … 현재 서울에 있는 대한민국은 그 전신前身이 피의 두루마기를 입은 3.1운동의 골격이며 5천년의 독립민족의 적자嫡子이며 장래 통일정권으로 돌진하는 발동기가 되고 가교가 되고 민족진영의 최고조직체임을 이에 천명한다. … 자신이 참가하지 않았다는 이유로, 자신의 당의 정책이 집행되지 못했다는 이유로, 주권과 영토가 완성되지 못했다는 이유로 대한민국을 거부할 이유가 발견되지 않는 것이다. … 당원 동지들! 선택하자! 신당新黨으로 당내 당외에 인재와 대중을 집중하여 입법기구와 행정기구를 통하여 현실적 내치·외교·군사 문제를 거쳐서 완전한 통일국가와 독립정부의 완성에까지 노력하는 깃발을 잡으려느냐? 과거 4년과 같은 소극 태도, 부동 형태, 무조직 상태, 아미타불식 통일철병 구호로만 늘 그러기냐?   (강조점은 필자)

조소앙의 이 성명서에 나타난 강렬한 대한민국 지지에 대해 서중석 성균관대 명예교수는 '중경임정 법통 지지의 변형된 논리'라고 해석했다. 즉 대한민국임시정부의 임시의정원이 환국 후 1946년 2월 조직된 비상국민회의를 거쳐 1947년 2월 출범한 국민의회로 이어졌는데 대한민국 국회가 그 법통을 계승한 것으로 인식했다는 것이다. 그리고 3.1운동을 비롯한 독립운동의 성과물이고 5천 년 민족사의 적통嫡統을 잇는 대한민국은 한순간에 완성되는 것이 아니며, 이제 8도의 영역과 2천만의 국민을 가진 대한민국이 수립됐으니 이를 토대로 나머지 영토와 국민까지 포괄하는 통일국가 수립을 위한 노력에 적극 나서야 한다는 주장이었다.

조소앙은 대한민국임시정부의 최고 이론가로, 조직을 이끌어 온 김구와 함께 임정을 대표하는 인물이었다. 그는 〈건국강령〉〈한국독립당의 본령과 책략〉을 비롯한 임정과 한독당의 주요 문건을 대부분 썼고, 〈대동단결선언〉〈대한독립선언서〉 등 독립운동사에 빛나는 문서를 기초했다. 그런 조소앙이 대한민국 정부를 강력하게 지지하고 나온 것은 갓 출범한 대한민국 정부의 정통성 강화에 도움이 됐다.

한독당을 탈당한 조소앙은 1948년 12월 1일 출범한 사회당의 당수로 추대됐다. 사회당은 〈결당結黨대회 선언서〉를 통해 "우리 민중은 무산계급 독재도, 자본주의 특권계급의 사이비적 민주주의 정치도 원하는 바가 아니요 오직 대한민국의 헌법에 제정된 균등사회의 완전실현을 갈구할 뿐"이라며 대한민국 헌법 이념의 구현에 앞장서겠다고 밝혔다. 이어 1948년 12월 14일 제1차 중앙집행위원회 결의안에서 "우리는 현실을 통하여 대한민국의 통일 및 자주를 완성하자고 주창하였다. 이를 반대하여 오던 일부 인사들도 이제는 대한민국을 옹호하도록 노력하여야 할 것이다."라며 '대한민국 옹호'를 호소했다.

조소앙의 대한민국에 대한 관점은 1950년 3월 제2대 국회의원 선거 입후보를 결정하고 나서 발표한 〈나의 출마 이유와 그리고 정견〉이라는 글에 더 분명하게 정리돼 있다.

우리 대한민국은 반만년의 전통과 3·1운동의 숭고한 정신을 계승하여 정정당당하게 세계무대에 등장하였다. 이 독립은 악착한 왜정하에 40년이라는 긴 세월을 혁명선열의 전도후계前倒後繼한

열혈과 애국지사들의 열렬한 투쟁의 결과이며 그 선혈鮮血의 고귀한 대가로 얻어진 것을 몽매간에도 잊어서는 안 될 것이다.

이 대한민국은 13도 중 8도의 영역 위에서 3천만 인구 중 2천만의 기초 위에 선 것일지라도 3·1운동의 정신을 계승한 망명 대한민국 정부의 영웅적 투쟁의 결과이며 5천년 독립민족의 적자嫡子이며 장래 통일정부에로 돌진할 유일무이한 원동체이며 민족진영의 최고조직체인 것이다. 정부와 인물과 정책이 변화할지라도 국가의 본질적 혁명은 계속되는 것이며 입각된 인물론과 집행되는 정책론을 초월하여 태극기를 고수하고 이 나라를 고도로 발전케 할 의무가 있는 것이다.

사회당이 창당되면서 한독당의 당세黨勢는 약화됐다. 급속도로 진행되는 대한민국 정부 수립 과정에서 한독당이 소외되는 상황에 불만을 품고 있던 한독당 당원들은 당의 중심인물 가운데 한 명이면서 이론과 명망을 겸비한 조소앙이 신당新黨의 깃발을 들자 상당수가 그쪽으로 옮겨갔다. 전국 각지에서 한독당을 탈당하고 사회당에 입당하는 당원이 줄을 이었고, 아예 간판을 한독당에서 사회당으로 바꿔 다는 지방당도 있었다.

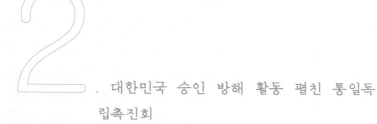

2. 대한민국 승인 방해 활동 펼친 통일독립촉진회

그러나 김구와 조완구·엄항섭 등 골수 임정 세력은 흔들리지 않고 '통일독립노선'을 고수했다. 한때 김구가 정계 은퇴 성명서를 발표하고, 젊은 날 승려 생활을 했던 마곡사에 은둔한다는 소문이 떠돌았다. 하지만 김구는 "나의 주장은 부동不動"이라며 이를 일축했다. 그리고 한독당은 당명을 어기고 5·10 선거에 참여했던 당원들을 제명시켰다.

다른 한편 김구가 남한 단독정부 수립에 비판적인 입장을 바꾸지 않았음에도 임정의 상징인 그를 대한민국 정부에 참여시키려는 움직임도 있었다. 제헌국회에서 상당한 영향력을 갖고 있던 무소속구락부는 정·부통령 선거를 앞둔 1948년 7월 17~19일 모임을 갖고 '대통령 이승만, 부통령 김구, 국무총리 조소앙' 방안을 추진하기로 합의했다. 중화민국 정부의 한국 주재 공사이자 유엔한국임시위원단의 중국 측 대표였던 유어만은 장개석의 지시로 김구를 만나서 이승만이 그를 부통령으로 받아들일 가능성이 높다며 이에 응할 것을 종용했다. 한반도에 대한 영향력 확보를 원했던 중국은 자신들과 가까운 김구가 대한민국 정부에 참여하기를 바랐던 것이다.

하지만 김구는 끝내 대한민국 정부 참여를 거부했다. 김구는 제헌국회에서 정·부통령 선거가 실시되기 하루 전인 1948년 7월 19일 "남한 단정에 참여한다는 소문은 나에 대한 모욕으로 생각한다."는 입장을 밝혔다. 이승만 대통령도 김구의 대한민국 정부 참여설을 부인했다. 제헌국회 의석의 과반수 이상을 차지하고 있던 이승만 지지 세력과 한민당이 김구에 반대하는 상황에서 그가 대한민국 정부에 참여하는 것은 현실적으로 어려웠다. 결국 1948년 7월 20일 부통령 선거에서 김구는 1차 투표에서 65표, 2차 투표에서 62표를 얻는 데 그쳤다. 그리고 일찍부터 남한 단독정부 수립을 지지했던 임정 원로 이시영이 이승만의 지원에 힘입어 부통령에 당선됐다.

김구와 김규식이 이끄는 통일독립촉진회는 대한민국 정부가 수립되자 국제적 승인을 방해하는 활동을 펼쳤다. 통촉은 1948년 9월 프랑스 파리에서 열리는 제3차 유엔총회에 따로 대표단을 파견하여 남북한의 두 단독정부에 대한 승인에 반대하고, 남북한을 망라하는 새로운 총선거를 실시하도록 요청하기로 했다. 통촉은 유엔대표단 단장에 김규식을 임명하고, 엄항섭과

서영해로 대표단을 구성했다. 하지만 김규식이 파리행을 거부하고 유엔대표단장을 사임하는 바람에 유엔총회에 독자적인 대표단을 파견하려는 통촉의 계획은 무산됐다.

1948년 9월 하순 김구와 김규식은 남·북한 정부에 대한 유엔 승인을 반대하는 공동서신을 유엔한국임시위원단에 전달했다. 김구는 남북지도자회의의 소집을 주선하도록 요청하는 별도의 서한을 한독당 위원장 명의로 유엔한국임시위원단에 제출했다. 김구는 유엔총회에 대한민국이나 조선민주주의인민공화국이 아니라 대한민국임시정부의 승인을 요청하겠다는 입장을 밝히기도 했다.

남·북한 정부는 파리 유엔총회에 고위급 대표단을 파견하고 전력을 기울여 승인외교를 펼쳤다. 대한민국은 장면을 수석대표로 한 대표단을 구성했고, 조병옥이 이끄는 특사단이 이들을 지원하도록 했다. 북한도 부수상 겸 외무상 박헌영과 부수상 홍명희가 이끄는 대규모 대표단을 구성했다.

남·북한이 유엔 승인을 놓고 사활을 건 승부를 벌이는 상황에서 통일독립촉진회가 대한민국 정부의 승인를 방해하는 활동을 추진하는 것은 한국과 미국 정부의 반발을 불러왔다. 대한민국 정부는 정부 공식대표만 유엔과 교섭할 수 있으며, 사私외교를 절대 불허한다는 방침을 거듭 밝혔다. 미국 정부도 김구와 김규식이 대한민국 정부 수립 이후까지 남북협상에 대한 미련을 버리지 못하는 것에 대해 유감을 표명했다.

유엔은 김구와 김규식이 보낸 서신에 반응을 보이지 않았다. 1948년 2월 26일 유엔 소총회의 결정에 따라 실시된 남한 지역의 총선거에 의해 수립된 합법적인 정부를 부정할 수는 없었기 때문이었다. 유엔총회가 1948년 12월 12일 48대 6으로 대한민국 정부를 '한반도의 유일 합법정부'로 승인하면서 통촉의 유엔에 대한 활동은 실패로 돌아갔다.

김구와 김규식은 유엔이 압도적 다수 회원국의 찬성으로 대한민국 정부를 승인하자 미묘한 입장의 변화를 보였다. 김규식은 1948년 12월 14일 "승인에 대하여는 물론 한인韓人으로서는 기뻐하고 경하치 아니할 사람이 없는 줄로 믿는다."며 "나는 본래부터 대한민국 정부를 부인하는 것은 아니었다. 나는 다만 이제까지 불합작했다는 것뿐이다."고 말했다. 김규식은 5·10총선 이래 대한민국 정부에 대해 '불不반대, 불합작'의 입장을 보여 왔다. 김구는 1948년 12월 16일 "절대 다수 국가의 찬성으로써 한국을 승인하였다는 것은 우리의 독립운동 과정 중에 있어서 영원히 기억할 만한 거대한 역사적 사실이다. 그리고 '남북이 통일된 완전 자주독립 국가로서 승인을 받았더라면' 하는 것을 생각할 때에 우리의 흥분되는 바는 더욱 심각하다."고 말했다. 정병준 이화여대 교수는 김구의 이 발언에 대해 "김구가 유엔의 한국 정부 승인에 대해 사실상 축하한 것이다. 이를 일종의 방향전환이자 현실 인정으로 볼 수 있다. 즉 남한 총선거와 단독정부 수립에 반대·불참을 고수하던 입장에서 한국 정부의 국제적 승인을 수용·인정하는 의사를 표명한 것"이라고 해석했다.

3

아직도 논란 분분한 김구의 '마지막 노선'

대한민국 정부가 수립된 뒤 가장 큰 과제였던 유엔 승인에 성공하고, 남한 단독정부 수립에 반대하던 김구와 김규식이 이에 긍정적인 입장을 내놓자 대한민국 정부의 안정과 발전을 위해 이승만 대통령과 김구·김규식의 협력을 요구하는 목소리가 높아졌다. 이른바 '3영수三領袖 합작설'은 1948년 말부터 중요한 정치적 당면과제로 떠올랐다. 제헌국회의 무소속 의원들은 이승만·김구·김규식의 단결을 촉구하는 운동을 시작했고, 임정 원로인 이시영 부통령도 이승만 대통령과 김구·김규식을 잇는 가교 역할을 자임했다. 철군을 앞두고 있던 미군 당국도 김구와 김규식에게 재기의 기회를 주는 것을 긍정적으로 생각했다.

그러나 이미 정치적 이해관계가 엇갈리고 감정의 골이 깊이 파인 이승만과 김구·김규식의 합작은 쉽지 않았다. 이승만 대통령은 대한민국 정부 수립에 협조하지 않은 우익과 중간파 인사들이 정부를 지지하고 결합하기 바란다고 말했지만, 그것이 권력 분점을 허용하겠다는 의미는 아니었다. 1948년 말 단행된 일부 내각 개편 역시 정치적 반대 세력을 끌어안는 거국 내각이 아니라 이승만 친정親政 체제를 강화하는 것이었다.

김구와 한독당 역시 이승만 정권과의 협력에 적극적인 입장이 아니었다. 1949년 1월 5일 한독당 상무위원회는 민족진영의 지휘권을 확보한 다음에 제2차 남북협상을 추진하기로 결정했다. 1949년 1월 16일 한독당 중앙집행위원회에서 김구는 "우리가 걸어온 길은 정확했다."며 '남북연석회의 노선의 고수'를 선언했다. 이에 대해 정부 대변인은 "아직도 남북협상을 주장하고 이북정권을 말하는 관념유희에 가까운 진부한 언사를 쓰고 있음은 모순당착"이라며 "항일투쟁으로 전 민족을 영도하고 나갈 때는 영수라는 말이 성립되어도 자주독립 국가가 된 이 마당에는 영수 운운은 큰 불찰이다. 따라서 삼영수 합작 운운도 부당하며 존재할 수 없다."고 말했다. 이승만과 김구의 단합을 바라는 국민 여론을 업고 정치권 일부에서 추진한 '3영수 합작'은 이승만 정부가 단호하게 부정적 입장을 보임으로써 잦아들었다.

'3영수 합작설'은 1949년 5월에 다시 한 번 제기됐다. 당시 북한의 정당·사회단체들과 남한의 좌파 정당·사회단체들은 조국통일민주주의전선(조국전선) 결성을 추진했다. 통일전선의 일환인 이 조직에 참가할 것인지를 고심하던 한독당은 "소위 조국통일민주전선은 신新형태의 민전(民戰·민주주의민족전선)을 의미하는 것이다. 남의 좌익과 북의 좌익이 협상한다는 것은 좌익에 관한 문제이다."라는 비판적 입장을 밝히고 거리를 두었다.

김구와 한독당이 남북한 좌파의 통일전선에 대한 참여를 거부하자 이들의 향후 행보에 관한 관심이 고조됐다. 1949년 5월 13일자 동아일보는 〈한독당 정책 전환, 협상노선 청산하나〉라는 기사를 실었다.

한독당에서는 오는 6월 13일부터 3일 간에 긍亘하여 임시중앙집행위원회를 개최하고 당헌 수정을 비롯한 당면 제諸 중요정책에 관하여 토론하기로 되었다는데 그 중에도 중요시되는 것은 민족진영의 대동단결을 위한 정책의 전환이라고 한다. 종래 한독당은 민족애를 토대로 하는 남북협상 노선을 고집함으로써 순수 민족진영과는 어느 정도 괴리되어 있는 감이 있어 일부에서는 중간파 정당이라는 평까지 듣고 있었으나 금반 중집에서는 이러한 오해의 근원이 되는 남북협상 노선을 양기揚棄하는 동시 어디까지나 대한민국을 지지 육성하는 노선으로 일대전환을 감행하는 동시 각 민족진영 정당단체에 대하여는 적극적으로 제휴의 손을 뻗으리라고 한다.

그러자 한독당은 다음과 같은 긴급 담화를 발표했다.

작일昨日 모 신문에 보도된 본 당 중집회의 경과에 대한 기사는 억측 기사로서 사실과 부합되지 않는다. 본 당의 남북 화평통일 노선은 확고부동한 것이며 이 과업을 추진하는 순서로 위선 우리들이 생활하고 있는 지역에서부터 민족진영의 통일 공작을 적극 추진시키고 앞으로 화평통일을 위한 회의에 임할 태세를 준비해야 할 것이다.

이 담화는 동아일보의 보도를 부인하는 형식을 갖추고 있었다. 그러면서도 남북한 평화통일에 앞서 남한 내에서 민족진영의 통일을 먼저 추진하겠다는 내용이어서 동아일보 보도에 대한 정면 반박인지는 애매했다.

그로부터 며칠 뒤인 1949년 5월 19일 이승만과 김구는 덕수궁에서 만나 환담을 나누었다. 동아일보는 이를 〈탐스러워라! 모란꽃, 이 대통령 부처와 김구씨, 석양의 덕수고궁古宮에서 단란〉이라는 제목을 달아서 사회면 톱기사로 보도했다. 그리고 다음 날 〈3영수 합작은 바람직한 것〉이라는 김구의 인터뷰 기사를 실었다. 이 기사는 김구가 이렇게 말한 것으로 돼 있다.

민족진영의 대동단결은 시기의 여하를 불문하고 있어야 할 것이며 더욱 민주주의 남북통일을 위해서는 긴절緊切한 문제이다. 일반 국민들이 3영수三領袖의 재합작을 간망懇望한다는 것은 현 시국에 비추어 있음직한 일이나 본래부터 대통령과 김박사와 나의 사이에는 별반 간격이 없었던 것이므로 이런 문제가 새삼스러이 일어난다는 것이 오히려 우스운 일이다. … 과거 우리들의 노력방법에 있어서 약간의 차이가 있었던 것은 사실이나 시간과 공간은 차차로 이러한 차이를 해소하고 합일점으로 도달케 할 것을 의심하지 않는 바이다.

김구는 이어 1949년 5월 31일 새로 구성된 유엔신新한국위원단과의 면담에서 통일 문제에 대한 자신의 입장을 밝혔다. 그는 "남북에 이미 사실상으로 존립한 권력 형태는 말살하려고 해도 말살되지 않는 것이 현실대로의 사태"라며 "남북의 기성 사실을 위선 인정하면서 양극단을 구심력적으로 조절하여, 점진적으로 접촉의 기연機緣을 촉성하고 점진보보漸進步步하여 통일을 위한 협조적 기능을 다하기 위하여 남북정권에 직접 가담치 않은 민간 정당사회단체의 협력이 필요한 것"이라고 말했다. 그러면서 구체적인 통일 방안으로 ▲ 남북 민간지도자 혹은 정당·단체 대표인물로서 사인私人 자격에 의한 남북회담을 개최하여 통일방안을 강구하고 ▲ 이 회의에서 통일방안에 대하여 초보적 합의가 성립되는 대로 각기 원 지역에 돌아가서 정식 남북회담이 실현되도록 노력한다는 2단계 통일방안을 내놓았다. 그는 1단계의 남북회담에 남북한 정권의 대변인도 사인私人 자격으로 참여한다는 단서를 달았다.

조국의 독립을 위해 불굴의 의지로 투쟁해 온 김구는 생애의 마지막 무렵에 어떤 생각을 하고 있었을까? 김구가 선택한 '마지막 노선'에 대해서는 연구자들의 분석이 엇갈린다. 김구가 끝까지 남북협상 노선을 견지했다고 보는 주장과 대한민국 정부를 인정하고 현실 정치에 참여할 준비를 하고 있었다는 주장이 대립하고 있다.

김구가 남북협상 노선을 견지하고 강화했다고 보는 연구자는 도진순 창원대 교수다. 그는 김구가 1949년도 전반기에 평화통일 노선을 더욱 강화했다고 주장한다. 독립운동과 정부 수립 운동의 오랜 기간 동안 좌·우의 이념 대립을 기본 축으로 생각해 왔던 김구가 분단 고착이라는 상황에 직면하면서 민족과 외세의 대립을 기본 축으로 간주하는 입장으로 선회했다는 것이다. 그는 1949년 6월 15일 한독당 전당대회에서 채택된 선언문이 당시 김구의 정세관을 반영하고 있다고 본다. 이 선언문은 '민족자결을 위한 강렬한 반제反帝 투쟁'에 동참할 것을 다음과 같이 다짐했다.

우리는 세계 제 약소민족의 생존권을 위협하고 자결권을 유린하려는 낡은 제국주의 세력의 침략 정책을 배격하고 당면한 역사적 과업의 최고 목표인 양단된 조국의 통일을 위하여 최대의 열의를 경주하며 투쟁할 것이다. … 우리는 세계일가一家와 민족자결의 이념하에서 세계평화와 조국의 자주·민주·통일·독립을 위하여 최후까지 용감하게 투쟁할 것을 만천하에 정중하게 선언하는 바이다.

도진순 교수는 김구와 한독당의 노선 전환을 보도한 1949년 5월 중순의 동아일보 보도는 믿을 수 없다고 본다. 제헌 의원 10여 명이 남로당의 프락치 활동을 했다는 혐의로 체포된 '국회 프락치 사건'으로 뒤숭숭했고, 한독당과 민족자주연맹은 미군 철수를 주장하면서 조직을 정비하고 있던 당시 정국의 흐름과 어울리지 않다는 것이다.

김구가 현실정치 참여로 노선을 전환했다고 보는 연구자는 서중석 성균관대 명예교수와 이신철 성균관대 연구교수이다. 서중석 교수는 1949년 4월과 5월 김구가 현실정치에 대한 전례 없는 관심을 표명했고, 이승만과 한민당을 제외한 광범위한 세력의 연대를 모색하고 있었다고 주장한다. 유엔의 대한민국 승인 때 강렬한 표현으로 대한민국을 인정했던 김구는 남북협상을 계속 주장하면서도 '서울 중심, 정부 참여'로 초점을 옮기는 한편 먼저 남쪽에서 민족진영의 통일을 추진하는 것에 관심을 기울이기 시작했다는 것이다.

이신철 교수는 김구의 노선 전환을 더 분명하게 주장한다. 1948년 4월 남북협상에 참여했던 중요 인사 가운데 조소앙이 '대한민국 지지' 입장을 분명히 하고, 김규식도 대한민국 정부 수립이라는 현실에 적응해 가는 상황에서 김구도 노선을 바꿀 수밖에 없었다는 것이다. 1949년 초 통일독립촉진회는 표면적으로는 남북협상 노선을 견지했지만, 정가에서는 이미 한독당과 민족자주연맹이 1950년 총선에 참여할 것이라는 전망이 광범위하게 퍼지고 있었다. 이런 상황에서 한독당이 '민족진영의 통일'을 들고 나온 것은 남북협상 준비라기보다는 남한 정치에 참여하기 위한 수순으로 보는 것이 옳다는 주장이다. 이 교수는 도진순 교수가 오보誤報로 지적하는 동아일보 기사들도 내용적으로는 김구의 노선 변화를 보여주는 지표로 해석해야 한다고 주장한다. 한독당은 동아일보의 보도에 대해 항의하지 않았고, 동아일보도 한독당에 사과하지 않았다는 것이다.

정병준 이화여대 교수는 대립하는 두 주장의 중간적 관점에 선다. 김구가 더 이상 대한민국 정부를 부정·부인할 것이 아니라 현실로 인정하고, 이를 토대로 유연하고 효과적으로 통일운동을 벌여야 한다는 입장으로 선회한 것은 맞지만, 과연 합법 정치공간으로 들어와서 1950년 5·30선거에 참여하려 했는지는 의문이라는 것이다. 김구도 결국 국제사회가 대한민국 정부를 인정했다는 현실을 받아들였지만 남한 정치에 대한 참여 여부는 그때까지 결정하지 않았다는 것이다.

김구의 '마지막 노선'이 무엇이었는지는 그가 명확한 언급과 행동을 보여주기 전인 1949년 6월 26일 갑자기 피살되는 바람에 역사적 해석의 영역으로 넘어가고 말았다. 그리고 위에서 본 것과 같은 해석의 차이는 살해범 안두희를 조종한 세력이 김구를 죽인 원인에 대한 견해 차이로 연결된다. 김구가 끝까지 남북협상 노선을 버리지 않았다면 그들이 내세울 수 있는 살해 이유는 '대한민국에 더 위험한 인물이 될 우려가 있어서'가 된다. 김구가 대한민국 정치 참여로 노선 전환 중이었다면 살해 이유는 '그를 중심으로 하는 정치세력이 정권을 위협할 가능성을 잘라 버리려고'가 된다. 두 개의 관점 가운데 어느 쪽이 진실에 가까운지는 70년이 지난 지금까지도 논란이 분분하다.

. 김구 사후 '민족진영강화론'에 집결하다

대한민국 정부 수립 후 '대한민국 지지'를 선언하고 한독당을 탈당하여 사회당을 만든 조소앙은 대한민국 정부를 육성 강화한다는 명분을 내걸고 이승만 정권에 참여하지 않은 우파와 중간파 정치세력을 규합하기 시작했다. 그는 1949년 1월 14일 김성수·신익희·지청천·안재홍 등과 함께 민족진영의 총단결을 위해 협의체를 구성하겠다는 공동성명서를 발표했다.

1. 우리는 민족총단결에 이바지하고자 정치 행동통일을 목적으로 우리와 정치노선을 함께하는 정당 사회단체의 책임 있는 대표를 망라하여 협의체를 구성하기로 함.
2. 정치행동의 통일은 대한민국 정부의 육성 강화와 반反국가적 일체 요소의 배제를 위한 대의명분 밑에서 행해져야 할 것이며 당면과업으로서는 국련國聯 신한新韓위원단에 대한 국론 급及 행동의 통일, 남북통일에 관한 방안의 통일 등이다.

조소앙의 '대한민국 육성론'에 적극 호응한 사람은 일제 치하에서 국내의 비타협적 민족주의를 대표하는 인물이던 안재홍이었다. 그는 해방 뒤에는 환국한 임정의 봉대에 앞장섰고 국민당, 한독당 국내파, 민주독립당, 신생회 등 정당 활동을 계속하면서 중도우파를 이끌었다. 1947년 2월부터 미군정 민정장관으로 혼란기에 행정을 이끌었던 그는 미소공동위원회가 결렬된 1947년 가을에 이르러 남한 단독정부 수립이 불가피하다는 사실을 받아들였다. 하지만 민족사적 정통성을 지닌 민주정부를 세우기 위해서는 일제와 타협하지 않았고 공산독재와 자본독재를 모두 배격하는 순정우익純正右翼이 주체가 돼야 한다고 역설했다. '차선次善으로서의 대한민국'에 대한 '비판적 지지'를 선언한 안재홍은 5·10선거 참여를 주장했고, 남북협상파가 '차선한 최선책最善策'인 남한 선거를 거부하는 오류를 비판했다.

대한민국 정부가 수립된 뒤 대한민국의 적법성을 인정한 안재홍은 대한민국 정부가 진정한 정통성을 지니려면 대중들이 신뢰하고 지지하는 민주역량의 집결체가 되어야 한다고 주장했다. 그는 대한민국 정부 수립을 주도한 이승만과 한민당의 정치적 지향에 비판적이었고, 중도우파와 남북협상파가 정치에 참여하여 그들과 경쟁하며 대한민국을 육성하고 강화해야 한다고 생각했다. 그리고 그렇게 할 때 대한민국이 더욱 격화될

공산주의와의 대결에서 승리할 수 있다고 보았다.

'순정우익 집결론'을 주장하던 안재홍의 이런 입장은 대한민국 정부 수립 직후인 1948년 10월 무렵 발표한 다음의 글들에 잘 표현돼 있다.

현존 대한민국의 존재는 우선 부인도, 배격도 할 바 아니요 요청되는 목표에 준해서 이를 지지 육성하는 것이 하나의 국민적 과업으로 돼 있다. 다만 대한민국의 정부가 그 수립 유래와 정부 구성의 실제에서 덮어놓고 찬탄 추수할 조건으로 되어 있지 아니하므로 저절로 비판적 지지로 돌아 닿게 된다.

《《대한민국 건설의 구상》》

남한 현하現下 정치기구의 불완전 불만족 많은 것은 이것을 시인할 바이나 재야당적在野黨的 민족주의 진영으로서 진정한 민주주의, 오인吾人의 주장하는 신新민주주의의 노선에로 대중을 결집하면서 정부에 대하여는 비판적 지지자의 태도를 견지하여 진보적인 민족주의 진영이 의연 대다수의 민중을 파악 집결하여서 다음 단계의 시국 수습에 대비함을 요하는 것이다. 이것조차 불가능하고, 갈피를 못 잡고 있는 한에 대중은 잘못되면 극좌의 유혹에로 빠져들어감을 방지할 길 찾기 어려울 것이다.

《《조선민족의 정치적 진로》》

조소앙와 안재홍 등의 주도로 광범위한 우파와 중간파 정치세력을 규합한 민족진영강화위원회(민강위) 준비위원회는 김구가 살해되고 한 달 뒤인 1949년 7월 30일, 1차 모임을 가졌다. 이 모임에는 사회당과 신생회 등 '대한민국 육성론'을 펴는 정당뿐 아니라 남북협상에 참여했던 한독당과 민족자주연맹, 대한민국 정부 수립을 주도한 한민당의 후신인 민주국민당과 조선민주당 등 성격을 달리하는 13개 정당·사회단체 인사들이 참석했다.

민족진영강화위원회는 구성에서 알 수 있듯이 다양한 정당과 사회단체들이 서로 다른 목적을 갖고 참여했다. 한독당에서 민족진영강화위원회에 참가한 것은 대한민국의 정치 참여를 주장하는 '현실파'였다. 한독당은 당의 구심점이었던 김구가 갑자기 세상을 떠난 뒤 격심한 노선 투쟁에 휩싸였다. 남북협상 노선을 포기하고 대한민국 지지·강화로 돌아선 조소앙이 탈당하여 사회당을 만든 뒤에도 한독당 안에는 조경한·나재하 등 '현실파'와 남북협상 노선을 고수하는 조완구·엄항섭 등 '정통파', 남로당이 불법화된 뒤 한독당으로 잠입한 '사회주의파'가 갈등을 벌이고 있었다. 이들 가운데 '현실파'가 정치 참여의 기회로 민강위에 관심을 보인 것이었다. 중간파는 명분과 동력을 갖고 남북협상을 이끌어오던 김구와 제휴했다가 그가 갑자기 사라지자 새로운 정치적 활로를 모색하기 위하여 민족진영강화위원회에 관심을 나타냈다.

민강위의 첫 모임에서 민족자주연맹의 원세훈은 "과거의 좌우합작이나 남북협상은 시대의 요청이었으나 이제 우리의 목표는 대한민국을 중추 삼아 통일독립의 목표를 이루는 것"이라고 말했다. 한독당 나재하는 개인 의견이라는 것을 전제하고

"이 회합의 많은 발언이 과거 남북협상을 한 정당을 제외하려는 것 같이 보이는 것은 유감"이라며 "우리들이 합법적으로 정부에 대하여 시시비비주의로 나온 것이 대한민국에 반대한다는 어떠한 근거가 되는가?"라고 물었다.

민족진영강화위원회는 1949년 8월 11일 '1. 대한민국에 충성을 다하고 그 발전을 위하여 최선을 다하자. 2. 대한민국을 부정하는 공산진영을 배제하고, 일방一方 그들의 전향을 촉促한다. 3. 종파 관념을 해소함으로써 민족진영의 총역량을 강화한다.'는 3개항으로 된 강령을 통과시켰다. 대한민국에 대한 충성을 맹세하는 민강위 강령에 한독당과 중간파 인사들이 동의한 것은 그들의 노선이 상당히 전환된 것을 말해 준다. 민족진영강화위원회는 이어 1949년 8월 20일 의장에 김규식, 상무위원에 김규식·조소앙·김성수·최동오·안재홍·유동열·조경한·원세훈·김창숙을 선임했다.

하지만 이때부터 민족진영강화위원회는 난항을 겪게 됐다. 민족진영의 대동단결과 국론통일이라는 명분을 거부할 수 없어서 참여했던 각양각색의 정당과 사회단체들이 정파적 이해관계에 따라 서로 다른 목소리를 내기 시작한 것이었다. 친親이승만계 정치인들이 만든 대한국민당과 한민당이 확대 개편한 민주국민당은 남북협상에 참가하고 5·10선거에 참여하지 않았던 인사들에 대해 "지난날의 과오를 사과하는 동시에 대한민국에 충성을 서약하는 성명서라도 발표한 뒤에 (민강위에) 참가하는 것이 당연하다."고 주장했다.

이승만 대통령도 이들에 대해 부정적이었던 것은 마찬가지였다. 그는 민족진영강화위원회가 발족한 직후인 1949년 8월 26일 이에 대한 소감을 묻는 기자의 질문에 "민족진영 강화 문제에 관하여는 그다지 관심을 두지 않고 있다. 민족진영 강화를 빙자하여 파당派黨을 꾸며 권력이나 정권을 잡아보겠다는 것이라면 찬성할 수 없다. 더구나 공산진영에 도움이 되는 일을 꾸미는 민족강화 운동이라면 더욱 환영 못하겠다. … 민족진영 강화란 국가 강화여야 할 때만 의의가 있다."고 답변했다.

결국 민국당·대한국민당 등 국회에 의석을 갖고 있는 정당들과 대한청년단·대한국민회 등 정부의 영향을 받는 사회단체들이 민족진영강화위원회 불참가 입장을 밝혔다. 또 의장으로 추대된 김규식은 자신이 지도자가 되면 민강위 활동에 역효과를 낼 수 있다면서 사임 의사를 밝혔다. 출범과 동시에 좌초 위기를 맞게 된 민족진영강화위원회는 한때 해소론까지 제기됐다. 하지만 1949년 9월 중순 한독당·사회당·조선민주당·대한노농당·신생회·이북인대표단 등 10개 정당·사회단체로 진용을 재정비하고 조소앙·안재홍·이훈구를 부의장으로 선출하면서 활동을 재개했다.

그러나 이후에도 민족진영강화위원회는 이승만 정부와 거대 정당들의 견제로 당초 계획했던 활동을 제대로 하지 못했다. 민국당은 구성 정당·단체들의 협의체인 민강위가 마치 상위기구 같은 인상을 준다면서 "민강위의 결의는 그 구성단체의 승인을 경經하여 효과가 난다."는 조항을 강령에 넣자고 주장했다. 또 70여 명의 국회의원을 갖고 있는 대大정당인 민국당이 회원도 얼마 안 되는 군소단체들과 동등한 자격으로 다수결에 참여하는 의사결정 구조를 받아들일 수 없다고 주장했다. 결국 민국당은 이 같은 주장이 받아들여지지 않자 민강위를 탈퇴했다.

1950년 봄으로 예정된 제2대 국회의원 선거를 앞두고 1949년 11월 조소앙·안재홍·이훈구·명제세 등이 중심이 돼 민족진영강화위원회를 단일 정당으로 만드는 방안을 논의했다. 하지만 구성 정당·단체들의 이해관계가 엇갈리는 바람에 성사되지는 못했다. 난항을 거듭하는 민강위 활동에 대한 기성 정치세력의 시각은 다음과 같은 동아일보 기사를 통해 엿볼 수 있다.

백범 옹翁의 불의의 서거로 협상진영은 중대한 위기에서 활로를 모색할 즈음이었으나 북방의 유혹을 거부한 중간파들은 안개와 구름을 헤치듯 민족진영강화위원회를 구성하여 민족통일을 표방하는 한편 민국지지民國支持의 기치를 들고 나섰다. 조직의 졸속과 내포된 영도領導의 의욕으로 말미암아 민강위는 소기의 성과를 거두지 못하고 유산되었을망정 민족주의좌익 내지 개량주의자들로 구성된 일련의 정치세력이 협상방안을 양기揚棄하고 반공을 천명한 것은 하나의 커다란 사실이라 하겠다.

(《동아일보》, 1949년 12월 22일자)

당시 민주국민당을 비롯한 기성정치권은 민족진영강화론에 대해 김구가 불의에 서거하는 바람에 위기에 봉착한 남북협상파가 북한의 통일전선 제의를 거부하고 대한민국 지지를 선언하며 반공을 표방함으로써 정치적 활로를 모색하려 한 것으로 이해했다. 하지만 조소앙이 1950년 3월, 5·30 선거 출마를 앞두고 발표한 〈5·10 총선거와 나의 정국관政局觀〉은 그의 안목이 이 같은 국내정치적 차원을 넘어서 훨씬 크고 넓은 곳까지 미치고 있었음을 보여준다.

구주歐洲에서 맹렬히 전개되는 냉전의 전화戰火는 동아東亞에 집중되며 적색赤色 세력은 중국을 석권하며 나아가서는 동남아시아에 뻗쳤으며 각처에 38선을 형성하고 있는 형태이니 세계 냉전의 최첨단에 서 있는 우리 한국의 위치는 매우 중요하며, 또 민족진영의 아성인 대한민국 정부의 사명과 역할은 실로 중대한 바가 있다. 민족진영의 존망存亡, 아니 한국민족의 민족적 운명은 대한민국의 육성 강화 여하에 달려 있는 것이다. 이 30유여有餘 년의 법통을 계승하고 혁명선열의 피와 죽음으로 이루어진 대한민국을 우리는 육성 강화할 책임을 느끼는 바이며, 그 육성 강화의 일익을 담당하려고 금번 나는 새로운 충성된 결의를 국민 앞에 하는 바이다. … 남북의 대립은 이데올로기의 대립이니 우리는 그 본질이 사상전임을 파악하여 그에 대비하여야 할 것이다. 그 방책으로 남한의 모든 정치력을 총집결하여 정치공세를 취할 것이며, 또 민심을 수습하여 사상공세로 자주통일을 기도하여야 할 것이다.

(강조점은 필자)

조소앙의 '대한민국 육성론'은 세계적으로 냉전이 본격화되는 상황에서 남·북한의 대립이 이데올로기 대결일 수밖에 없다는 냉철한 국제정세 인식에서 출발해 남한의 민족주의 세력이 북한 공산주의 세력과의 대결에서 승리하기 위해서는 대한민국 정부를 중심으로 결집해야 한다는 주장이었다.

민족진영강화위원회가 제대로 활동하지 못하는 가운데 제2대 국회의원 선거가 다가오자 민강위에 참여한 정치세력들은 다시 한 번 협력을 모색했다. 안재홍(신생회)·조소앙(사회당)·명제세(이북인대표단)·조경한(한독당)·이훈구(대한노농당)·연병호 등은 1950년 1월 25일 모임을 갖고 국회의원 선거에서 공동전선 문제를 논의했다. 하지만 이들은 구체적인 협력 방안을 마련하지는 못했다. 결국 민강위 소속 정당과 단체들은 각자 5·30 선거에 임했다.

5·30 선거에 참여한 민족진영강화위원회 소속 정치인들은 이승만 정부와 민국당 등 기성정치권으로부터 집중적인 견제와 탄압을 받았다. 이들은 각종 허위선전과 모함에 시달렸고, 후보 사퇴 압력을 받았다. 북한이 서울에 파견한 거물간첩 성시백이 선거자금을 제공하려고 했다는 명단에 이

사진 25 남북협상에 참가한 뒤 대한민국 수립의 불가피성을 인정한 장건상

들이 포함돼 있어 경찰의 집중적인 조사를 받아야 했다. 그럼에도 불구하고 선거 결과는 민강위 정치인들의 괄목할 만한 진출이었다. 서울 성북구에 출마한 조소앙은 전국 최고득표로 당선됐고, 안재홍·원세훈·장건상·윤기섭 등이 압도적으로 당선됐다.

장건상은 조선민족혁명당 소속으로 1942년 임정에 참여해 국무위원과 학무부장을 역임했다. 환국 후에는 임정을 탈퇴하고 여운형이 만든 근로인민당에 가담했으며, 여운형이 살해된 뒤 근로인민당을 이끌었다. 1948년 4월 남북협상에 참가했지만

북측의 일방적 회의 진행에 항의하다 감금됐다가 풀려났다. 그는 남으로 돌아온 뒤 대한민국 수립의 불가피성을 인정하는 입장으로 선회했다.

1950년 5·30 선거에서 당선된 조소앙·안재홍·원세훈·윤기섭은 제2대 국회가 개원하기 직전인 1950년 6월 16일 회동을 갖고 정치활동을 함께 하겠다는 공동성명을 발표했다. 이들은 '1. 각자 소속 정당에 초연한 태도로 민족진영의 대동단결을 목표로 나아간다. 2. 무소속 의원들의 집결로 대동단결의 제1보로 하고 분산되지 않는다. 3. 난국을 타개하기 위하여 만난萬難을 극복하고 동심협력同心協力하겠다.'고 다짐했다.

대한민국 정부 출범에 참여하지 못했던 우파와 중간파 정치세력들이 국정에 가담함으로써 신생 정부를 보강해서 발전시킨다는 '대한민국 육성론'은 민족진영강화위원회에서 활동했던 정치인들이 기성 정치세력의 견제와 탄압을 뚫고 1950년 5·30 선거에서 대거 당선돼 국회에 교두보를 확보함으로써 실현 가능성이 열렸다. 하지만 안타깝게도 곧 이어 북한군의 남침으로 발발한 6·25 전쟁의 초기에 민강위 활동을 주도했던 조소앙·안재홍·김규식·원세훈 등 거물급 정치인이 대거 납북됨으로써 그런 가능성이 현실화되지는 못했다.

5. 임정과 중간파 거부한 한민당

유엔 감시 아래의 남한 총선거와 대한민국 정부 수립을 주도한 세력, 그 중에서도 특히 한민당은 임정 세력 일부와 중간파의 민족진영 강화 움직임을 의심스러운 눈초리로 바라보았다. 이들은 자신들이 천신만고 끝에 간신히 출범시킨 대한민국 정부에 뒤늦게 승선하겠다고 나서는 민족진영강화위원회를 불신했고, 그들에게 권력을 나눠줄 생각이 없었다. 한민당의 후신인 민주국민당 선전부장이었던 함상훈이 민강위 발족에 즈음해서 발표한 다음 글은 이런 입장을 잘 보여준다.

우리는 해방 후 4년간 참담한 투쟁을 통하여 대한민국의 독립을 획득하였다. … 그동안 민족적 지도자 송진우·장덕수 양씨兩氏를 잃었으며 그밖에 무수한 존귀한 생명과 재산을 상실하였다. … 이로부터 삼팔선을 타개하고 실지失地를 회복하며 삼천만으로 하여금 다 같은 주권 밑에 독립국민의 기쁨을 향유하게 하려면 과거

몇 배 이상의 노력과 희생이 요청되지 않을 수 없다.

이때에 민족진영이 일층 강화되어 이 중대과업을 완수할 기회를 얻는다면 이 얼마나 방국邦國을 위하여 경하할 일이랴. 민족진영강화위원회의 태동과 고고의 성聲을 듣고 일부에서 남모르게 광희狂喜하며 그 전도를 기대한 바 있는 것은 은폐할 수 없는 사실이다. 그러나 이 민족진영강화위의 발족 동기와 그 전도가 과연 일부에서 광희하고 기대할 수 있는 것처럼 신성하고 강력한 것일까의 여부는 재고할 여지가 있다. …

이 민강위의 발기는 명제세·안재홍·원세훈·윤기섭·나재하·배은희·한근조·이훈구 등 제씨諸氏의 이름으로 시작하였고 총회 때에는 13개 정당 사회단체 대표 33명이 참석한 성대한 집회였다. … 이상의 인물 및 단체는 몇 사람을 제외하고는 대부분 좌우합작을 추진하였고 남북이 협상하여 정부를 수립하자는 데 찬성한, 즉 공산주의와 제휴해 나가자는 데에 일치한 **견해**를 가진 이들이다.

그리하여 출석단체의 의문은 공산주의를 배격하고 대한민국에 충성을 다하느냐의 두 가지에 집중됐다. 요행히 강령만으론 이 두 가지를 지지하는 데 일치를 보았다. 이것은 민강위의 초보적 성공이 있었다. 그러나 설사 강령에 이 두 가지를 명확히 인정한다 할지라도 실제 행동에 있어서 이것을 완전히 하지 않으면 결국은 수포로 돌아가고 만다. …

합작과 단결은 가장 신뢰하는 사이에서만, 그리고 이념과 노선이 명확히 합치되는 개인과 단체 사이에서만 비로소 성취되는 것을 과거에도 경험하였고 금후도 그럴 것을 단언한다. 민강위는 강령의 실천으로써 비로소 민중의 신뢰를 받을 것이요 우익단체의 동정을 살 수 있다. 좀 더 동태를 보기로 하자.

《동아일보》, 1949년 8월 29일자)

이들은 민족진영강화위원회의 이념도 문제 삼았다. 이들의 속마음은 민국당 중진이던 조헌영 의원이 쓴 다음과 같은 글에 잘 나타나 있다.

(민족진영강화위원회는) 노선이 명확치 못하다. 과거에 5·10선거와 대한민국정부를 단선단정單選單政이라고 반대하던 이들이 일편一片의 성명도 없고 하등의 구체적인 행동표시도 없는데 무엇으로써 그들이 대한민국을 지지하는 사람이라고 믿을 수 있을까. 이런 성격을 가진 소집단의 대표가 다수 가입해서 민강위를 민족진영 노선과 딴 노선으로 끌고 가려고 한다면 또다시 한번 혼란을 일으킬 우려가 있기 때문이다.

(〈국내정세 개관(상)〉, 《동아일보》, 1949년 10월 17일자)

당시 민주국민당의 정치적 입장을 대변하던 동아일보는 1950년 5·30선거에서 당선된 조소앙·안재홍·원세훈·윤기섭이 정치활동을 함께하겠다는 성명을 발표했을 때 사설을 통해 다음과 같이 비판했다.

> 사씨四氏가 각자 소속에 대한 초연한 태도를 강조하고 있으나
> 각자 소속 정당 단체를 해체도 안 하고 이로부터 탈당도 하지 않
> 고 있는 한 소위 삼균주의나 신민족주의 및 신민주주의에 대한 미
> 련이 상존尙存한 것으로 보아도 대과는 없을 상 싶다. 이처럼 대
> 동단결의 원칙에 있어서 선명치 못한 바가 있다는 것은 그들이 역
> 설하는 바 '초연적 태도 운운'에 대한 국민의 의아를 야기시키는
> 것이다. … 난국을 타개하기 위하여 동심협력하여야 한다고 하니
> 난국을 타개하기 위하여 남북협상을 하는 데 동심협력해야 한다는
> 것이냐 그렇지 않으면 철저한 방공防共 민주 건설에 동심협력해야
> 한다는 것이냐, 이 양자兩者 중에서 어느 하나를 택하지 못한 대
> 동단결의 원칙은 이 단계에 있어서는 대동단결의 원칙이라기보다
> 도 기회주의의 원칙이라고 오해받을 염려조차 없다고 할 수 없을
> 것이다.　　　　　　　　　(《동아일보》, 1950년 6월 20일자)

조소앙이 주창했고 대한민국임시정부와 한독당뿐 아니라 대
부분의 독립운동세력이 근대국가 건설 이념으로 받아들였던
삼균주의나 안재홍이 일제로부터 해방된 조국의 정치이념으로
제시했던 신민족주의와 신민주주의에 대한 미련을 버릴 것을
요구하며, 그렇지 않으면 대한민국의 '방공防共 민주 건설'과

'대동단결'에 동참시킬 수 없다는 주장이었다. 또 난국을 타개하기 위해서 민족진영이 '동심협력'해야 한다는 주장에 대해서도 남북협상을 다시 하는 데 동심협력하자는 기회주의가 아니냐며 의심의 눈초리를 거두지 않았다.

당시 우파 민족주의 세력의 강력한 한 축軸을 대표하는 중진 정치인들에게 그들이 평생에 걸쳐 피와 땀을 흘리며 쌓아온 정치이념을 포기하라는 요구는 일종의 전향轉向 강요나 다름없었다. 더구나 민족진영강화위원회가 출범 때 강령을 통해 '대한민국에 대한 충성'과 '공산진영 배제'를 선언한 마당에 다시 '남북협상'과 '방공防共 민주 건설' 사이에서 양자택일을 다그치는 것은 폭력적이라는 인상마저 준다. 대한민국 정부 수립과 그 후 정국을 주도했던 기성 정치세력이 민강위 참여 정치인들의 강력한 대두에 느꼈던 조바심이 이 글에 짙게 드러나고 있다.

5

임정계 군인과
청년들의 선택

1. 반공과 국군 창설에 매진한 광복군 지휘부

일제가 패망하고 1945년 11월 대한민국임시정부 요인들이
환국길에 올랐을 때 광복군의 지청천 총사령과 이범석 참모장
등 지휘부는 중국에 남았다. 한반도의 남쪽을 통치하게 된 미
군이 임정을 인정하지 않고 개인 자격으로 귀국할 것을 요구
하는 상황에서 광복군은 흩어져서 고국으로 돌아가는 대신 중
국 전역에 산재해 있는 한인 청년을 모아 군사력을 강화하는
쪽을 선택했다. 1945년 9월 3일 대한민국임시정부 김구 주석
명의로 발표된 〈국내외 동포에게 고함〉은 '당면정책 14개조'의
제13항에서 '적군敵軍에게 피박출전被迫出戰한 한적韓籍 군인을
국군으로 편입하되 맹군盟軍과 협상 진행할 것'을 천명했다.
일본군으로 동원됐던 우리 동포 청년을 중국군과 협조하여 광
복군에 편입시키겠다는 것이었다.

광복군의 확군擴軍은 국가 건설에 필수적으로 수반되는 건
군建軍을 위한 예비 작업이었다. 임정 수뇌부와 광복군 지휘부

는 독립운동뿐 아니라 건국 과정에서 군사력의 중요성을 분명히 인식하고 있었다. 이들은 군사력이 약해 나라를 빼앗겼던 역사적 경험에서 나라를 세우고 지키는 데 강력한 무력이 필수요소라는 사실을 절실히 깨달았다. 더구나 미·소·중 등 열강에 둘러싸여 있는 한반도에서 다양한 사상과 세력기반을 가진 독립운동 세력들이 건국 과정에서 주도권을 잡기 위해 각축을 벌여야 하는 상황이었기 때문에 임정 세력에게는 군사력의 뒷받침이 무엇보다 필요했다. 이들의 이런 인식은 지청천 등이 1945년 3월 한독당 중앙집행위원회에 제출한 〈한국독립당의 군사정책에 대한 제의〉에 다음과 같이 나타나 있다.

> 본 당黨은 한국광복군을 전한全韓 무장세력의 중심부대로 확인하고 정치투쟁의 최고형식인 무장적 행동으로서 … 차此가 확대 강화하여야 정부의 지위가 제고되고 본 당의 세력이 확장되어 적의 침략세력을 박멸할 수 있고, 국제공관共管 등 망계妄計의 유사정부의 대두를 방지 배격할 수 있음. 만일 우리 당과 배치되는 주장을 가진 부분이 전한 무장세력의 중추부대가 될 시時는 본 당의 정치적 생명은 위미부진萎靡不振하여 정치적 이상 즉 당의·당강·당책을 우리 민족국가에 문問하여 착착 실현키 불능할 위험에 함陷할 우려가 있으므로 본 당은 인력·물력·정력을 광복군으로 중신重新 집중하여 군軍이 당책 실행의 건전한 기구

가 되게 함이 가피함.

광복군이 우리 민족의 무장세력에서 중심이 되어야 한다는
광복군 지휘부의 인식은 추상적인 원론 차원의 주장이 아니었
다. 이들은 해방이 눈앞으로 다가온 당시 다른 독립운동 세력
들도 상당한 군사력을 갖추고 있으며 앞으로 그들과 경쟁을
벌여야 한다는 현실을 잘 알고 있었다. 〈한국독립당의 군사정
책에 대한 제의〉는 이를 다음과 같이 분석했다.

> 화북조선의용대가 어느 한도의 숫자와 발전을 갖출 것이고, 미
> 주美洲에서는 많아야 천명 내외 급及 남양南洋 각지의 기천명幾千
> 名 한인이 합세하여 미국 배경하에서 발전될 것이고, 소련에서는
> 3만 명 내외의 무장 세력이 성립될 가능성이 충분함. 우리는 필경
> 은 광복군을 중심으로 귀납 통일시킬 방침을 취할 것임.

일제 패망 당시 광복군과 함께 독립운동 세력의 3대 군사력
을 형성하고 있던 화북 조선독립동맹 산하의 조선의용군, 소련
영내의 조선인 무장부대를 의식하고 있었고, 이들을 군사적으
로 압도해서 광복군을 중심으로 통일해야 한다는 주장을 편
것이다. 광복군 지휘부는 이를 위해 광복군을 대대적으로 확

대·보강해서 국내로 들어간 뒤에 새로 세워지는 대한민국 정부에 바친다는 계획을 수립했다. 이에 따라 남경·항주·상해·북경·광동·한구 등 중국 전역의 주요 지점에 광복군 간부들이 파견돼 한인 청년들을 모아서 잠편지대暫編支隊를 편성하기 시작했다. 그 결과 1946년 초 광복군은 기존의 3개 지대를 포함하여 10개 지대를 갖추게 됐다.

병력을 크게 늘린 광복군은 1946년 2월 미국과 중국을 상대로 귀국 교섭에 들어갔다. 하지만 광복군을 국군 자격으로 받아들일 수 없다는 미군정의 입장은 확고했다. 중국 측도 제2차 세계대전이 끝난 뒤 국공내전이 재개되자 한국인 군사조직을 불안 요소로 간주해 통제하기 시작했다. 이처럼 외부 여건이 악화되는 데다 새로 광복군에 편입된 한인 청년들에 대한 지휘도 여의치 않자 1946년 5월 16일 지청천 총사령은 〈한국광복군 복원復員 선언〉을 발표했다.

본 군本軍은 30여 년의 줄기찬 항적복국抗敵復國 정신을 받들고, 국내외 무력혁명의 대통大統을 계승하여 오늘에 이르렀다. … 이제 숙적 일본이 항복하여 연합군은 승리를 획득하고, 우리 국토는 광명을 되찾았으니 본 군의 중국 경내에서의 작전임무는 이로써 끝났다. 춘풍추우春風秋雨 수십 년 망명과 항전 과정에서 우리는 이날이 오기를 얼마나 고대하였던가! 이에 본 군은 복원復員을 선포, 전 대원이 귀국하여 조국 건설 대업에 참가할 것을 명한다. … 본 군 복원대원들은 모두 정돈과 노력을 다하여 안으로 민주 결단을 실현하고, 밖으로 독립 평화를 달성하도록 힘쓸지어다. … 만일 우리의 자유와 독립을 침범하는 제2의 적이 나타날 때는 본 군이 놓았던 총을 다시 잡고 전장에서 그들을 대할 수밖에 없을 것이다.

중국에서 광복군의 임무는 이제 완료됐으니 각자 귀국해서 광복군 정신으로 국가 건설 작업에 참가하라는 지시였다.

이 선언에 따라 광복군이 사실상 해산된 뒤 광복군 지휘부 가운데 먼저 귀국한 사람은 참모장 이범석이었다. 일제 패망 직후인 1945년 8월 18일 광복군 정진대를 이끌고 서울 여의도에 들어왔다가 일본군의 저항에 부딪쳐 중국으로 돌아갔던 그는 1946년 6월 미군 수송선을 타고 광복군 중견 간부들과 함께 귀국했다. 중국에 있을 때 미군과 공동작전을 추진하면서 돈독한 관계를 맺게 된 이범석은 귀국한 뒤에 미군정의 적극 지원에 힘입어 청년단체를 만드는 작업에 착수했다.

1946년 10월 이범석이 이끄는 조선민족청년단(족청)이 '민족지상至上, 국가지상'을 내세우며 발족했다. 족청은 단장 이범석, 부단장 이준식, 조직부장 노태준, 선전부장 송면수, 훈련부장 안춘생 등이 모두 이범석이 지휘하던 광복군 2지대 출신이

26 광복군 참모장 겸 제2지대장 시절의
이범석

었다. 이들은 최규동·정인보·현상윤·백낙준·김형원·김활란 등 우파 민족주의자 지식인들의 도움을 받으며 청년들에 대한 교육과 조직 활동을 벌였다.

 이범석이 미군과 손잡고 우익 청년운동에 뛰어든 것은 확고한 반공反共·반소反蘇 의식 때문이었다. 그는 30년에 걸친 무장 독립운동 과정에서 공산주의자들과 여러 차례 부딪치고 소련과도 접촉해 본 결과 공산주의자와 소련은 믿을 수 없다고 확신했다. 일본군 학병을 탈출해 중경으로 임정을 찾아간 뒤 광복군에 들어가 이범석의 비서로 근무했던 김준엽 전 고려대 총장은 그의 공산주의자들에 대한 불신을 다음과 같이 증언했다.

그의 머리속에는 항상 그가 모시고 존경하던 김좌진 장군이 공산분자의 권총으로 암살된 사건이 뿌리박혀 있는 듯하였다. 그가 공산주의자들을 혐오한 중요한 원인은 그가 시베리아에서 붉은 러시아군赤露軍의 총격으로 목숨을 잃을 뻔했던 일과 김좌진 장군의 피살 사건, 그리고 시베리아 톰스크에서 8개월간의 억류 생활을 하는 동안에 보고 겪은 경험 때문이었다. 그는 입버릇처럼 공산주의자들을 절대로 믿어서는 안 된다고 나에게 강조했다.

(〈생사여로의 반려자〉, 《철기이범석평전》)

이범석은 소련도 불신했다. 그는 미군과 공동훈련을 펼치던 시절, 소련이 만주에 진입하는 것을 막기 위해서는 미군과 광복군이 공동작전을 펼쳐야 한다고 주장했다. 2차 세계대전의 종전이 다가올 무렵 미국 측에 보낸 서한에서는 한반도에 '빨갱이(the Reds)'가 침투하는 것을 막아야 하며, 그러기 위해서는 미군이 즉시 한국에 상륙해야 한다고 주장했다. 일본이 패망한 뒤 그가 광복군 정진대의 국내 진입을 서둘렀던 이유의

하나는 소련군이 한반도에 들어온 뒤 벌어질 상황을 걱정했기 때문이었다. 일본군의 완강한 저항에 부딪쳐 중국으로 돌아온 뒤에는 미국 OSS에 편지를 보내, 소련의 활동이 한국뿐 아니라 극동에서 미국의 지위와 아시아 평화를 위협할 것이라며 자신을 빨리 한국으로 보내주면 미군을 지원하는 청년 조직을 만들겠다고 호소했다.

김준엽은 앞에 인용한 글에서 이와 관련하여 다음과 같이 증언했다.

소련군의 진격으로 국내에서 좌익세력이 팽창할 것을 임정으로서 견제하는 것이 시급하다는 판단은 임정의 역사와 독립 무장투쟁 과정에서 볼 때 쉽게 버려질 수 있었다. 임정 내에서 공산주의 계열 인사들의 행적은 물론 김좌진 장군 암살이라든지 적로군과의 관계에서 나타난 수많은 사례가 김구 주석과 이청천·이범석 장군을 비롯한 민족주의 지도자들에게는 앙금처럼 남아 있었기 때문이다.

한편 광복군총사령 지청천은 이범석과 그 휘하 간부들을 비롯한 광복군의 주력이 귀국한 뒤에도 중국에 남았다. 중국에서 아직 할 일이 남아 있다는 판단에서였다. 그는 만주에 상당수 있는 한인韓人을 모집해 군대로 편성한 뒤 이들을 이끌고 귀국한다는 계획을 세웠다. 이를 위해 광복군 제3지대장이었던 김학규를 만주로 파견해서 군대 편성 활동을 벌이게 했다. 또 중국 내에서 국공내전이 재개돼 격화되고 있어 국민당 정부와의 관계를 긴밀히 하는 것이 중요했기 때문에 그는 이 방면에도 주의를 기울였다.

하지만 지청천도 1947년에 들어서면서 귀국을 결심했다. 만주에서 중국 공산당의 세력이 확대되고, 북한에는 이미 사실상 인민군이 만들어져 날로 강화되는 상황에서 남한도 국군 창설이 시급하다고 생각했기 때문이었다. 마침 1946년 10월 미국 순방외교에 올랐던 이승만이 6개월에 걸친 미국 활동을 마치고 귀국길에 중국에 들러 장개석과 회담을 가졌다. 이때 이승만은 지청천을 만나서 "지금 고국에서 건국 사업이 진행되고 있는데 장군의 도움이 긴요하니 함께 귀국하자."고 권유했다. 지청천은 이를 받아들여 1947년 4월 22일 장개석이 내준 비행기를 타고 이승만과 함께 귀국했다.

3·1운동 직후 만주로 망명한 지 29년 만에 조국에 돌아온 지청천은 경쟁하던 우익 청년단체들을 통합하는 작업에 착수했다. 그는 중국에 있을 때 이미 국내의 청년운동에 관심을 기울였다. 그는 광복군 국내지대장으로 임명한 오광선에게 1947년 1월 보낸 편지에서 봄이 되면 귀국하여 청년단체를 중심으로 강력한 군대를 창설할 계획을 밝혔다. 지청천은 귀국한 뒤에도 청년단체 대표들과 정치지도자들을 만나서 청년단체들을

사진 **27** 광복군 총사령으로 활동하던
무렵의 지청천

통합하겠다는 뜻을 거듭 밝혔다. 마침내 그는 1947년 5월 28
일 "청년과 더불어 민족과 조국을 위해 몸을 바치겠다."며 우
익 청년단체들의 통합을 선언했다.

우익 청년단체들의 통합은 광복군총사령이란 지청천의 명망
에 힘입어 급속도로 진행됐다. 이승만·김구·김규식 등 정치지
도자들은 "지청천을 중심으로 청년들이 통합하여 신국가 건설
에 주체가 되기를 바란다."는 성명을 발표했다. 좌익 청년단체
들의 발호에 골치를 썩던 미군정도 지청천의 활동이 우익 청

년단체의 강화에 도움이 될 것으로 기대해서 이를 지원했다.

1947년 8월 7일 광복군 국내지대장 오광선과 광복군 제3지대 부지대장 이복원 등 광복군 출신들이 조직한 광복청년회를 중심으로 20여 개에 이르는 청년단체들이 참여하는 대동청년단주비위원회가 발족했다. 이어 이범석이 이끄는 조선민족청년단 등 일부를 제외한 대부분의 우익 청년단체들이 하나로 뭉친 대동청년단 결성식이 1947년 9월 21일 서울운동장에서 열렸다. 단장으로 추대된 지청천은 취임사를 통해 "조국의 완전독립은 청년이 한 덩어리로 뭉침으로써 완수할 수 있으며, 지청천이 비록 늙었으나 청년들의 앞에서 청년들과 함께 조국의 완전독립을 위하여 싸우겠다."고 선언했다.

조선민족청년단이 정신교육에 중점을 둔 것과 달리 대동청년단은 청년들의 군사훈련에 치중했다. 전국 각지의 전략적 거점에 훈련소가 설치돼 강도 높은 군사훈련이 실시됐다. 광복군 출신들과 일본 학병 출신들이 훈련을 담당했다.

지청천은 대동청년단이 예비적 성격의 군대라는 점을 강조했다. 단원 훈련을 책임지는 기획원장을 맡은 역사학자 이선근은 "앞으로 군대는 지청천 장군의 지휘 아래 대동청년단이 짊어지게 될 것"이라고 교육했다. 대동청년단 단원들도 자신들이 국군이 되기 위해 훈련을 받는다는 의식이 강했고, 실제로 대한민국 정부가 수립되자 이들 가운데 많은 수가 국군에 들어갔다.

지청천이 이처럼 우익 청년단체의 통합과 군사훈련에 정력을 쏟은 것은, 앞으로의 건국 과정에서 군대의 역할이 매우 중요하다는 사실을 분명히 알고 있었기 때문이었다. 그는 열강들이 한반도를 놓고 각축을 벌이고 국내에서도 좌·우 대립이 격심해지는 만큼 결국 군사력의 우위가 승패를 좌우할 것이라고 생각했다. 그가 대동청년단 발족을 앞두고 미군정에 제출한 〈건군계획서〉에는 냉철한 현실인식에 바탕을 두고 전략적으로 사고하는 최고위급 군인으로서의 모습이 잘 드러나 있다.

한국 문제에 관한 한 미국과 소련의 협정에 의한 해결은 불가능하다. 소련은 한국에 대한 영토적 야심과 볼셰비키화의 계획이 있다. 현재 한국의 경비대는 침공에 대비할 만한 군사적 성격을 결여하고 있다. 더욱이 경비대는 공산주의자가 절반이고 군사경험이 부족한 장교들은 경비대를 통제할 능력이 없다. 따라서 경비대는 반란적 행동의 위험이 있다. 통일한국의 수립에 국제적 추세가 유리하지 않은 상황에서 군대의 건설이 긴요하다. … 현재 심각한 상황을 고려할 때 군대는 빨리 조직되어야 하며 전쟁에 대비하여 적절한 훈련을 받아야 한다. … 청년활동은 통일된 지도력의 결여로 침체되어 있는데 다양한 청년단체는 대동청년단으로 통일됨으로써 한국 군대의 조직을 위한 계획이 추진될 것이다. … 반란의 위험이 있는 경비대는 대동청년단·동지회와 합병하여 군대로 조직 되어야 한다. 현재 한국은 현대적 장비를 갖춘 군대 건립의 가능성이 없으므로 미국은 이를 지원해야 한다. … 본인이 계획하고 있는 대동청년단과 동지회 활동이 한국 문제의 합리적 해결, 나아가 세계평화에 많은 도움이 될 것이다.

지청천은 대동청년단 출범을 앞둔 1947년 9월 18일 임정 국무위원과 한독당 중앙집행위원을 사임했다. 그러면서 당시 커다란 논란이 되고 있던 남한 단독선거 실시 문제에 대하여 이승만을 지지한다는 입장을 밝혔다. 지청천은 이승만이 귀국하는 비행기를 함께 타고 중국에서 돌아왔지만 귀국 후 김구를 비롯한 임정 요인들과도 오랜 인연으로 두루 원만한 관계를 맺었다.

그런 지청천이 이승만 지지를 명백히 한 것은 우파 내의 세력관계에 영향을 미칠 수 있는 결정이었다. 그가 이끄는 대동청년단은 1947년 12월 '중앙정부 수립과 선거 실시'를 주장했고, 1948년 1월 말 '이승만 적극 지지'를 결의했다. 이어 1948년 2월 유엔 소총회가 '선거가 가능한 지역에서의 총선거'를 결정하자 이를 적극 지지하면서 5·10 선거에 참여하기로 결정했다.

대동청년단은 제헌 국회의원을 뽑는 5·10 선거에서 87명의 후보를 내어 13명이 당선됐다. 지청천은 서울 성동구에 출마하

여 전국 최고득표로 당선됐다. 이범석이 이끄는 조선민족청년
단도 5·10 선거에 19명이 출마하여 6명이 당선됐다.

지청천 총사령과 이범석 참모장 겸 제2지대장을 비롯한 광
복군 지휘부는 대한민국 국군이 창설되는 과정에서 핵심적인
역할을 담당했다. 지청천은 제헌국회의 외무국방위원장으로 국
군의 토대 구축을 도왔다. 그는 1948년 10월 국군 제14연대의
일부 병력이 여순반란 사건을 일으키자 국회에 구성된 시국대
책위원회의 위원장으로 청년단체들을 동원하여 진압을 지원하
는 한편 국군을 강화하는 방안을 추진했다. 또 1949년 7월 세
계 각국의 병역제도를 조사하고 한국의 상황을 고려하여 병역
법을 제안했다. 이 병역법은 국민개병皆兵 정신에 입각한 의무
병 제도를 채택하고, 국가 비상사태 때는 국민 전체가 국가 방
위를 위해 동원될 수 있도록 호국병 제도를 도입했다.

이범석은 초대 국무총리 겸 국방부 장관으로 건군의 주역이
되었다. 그는 대한민국 정부 수립 이튿날인 1948년 8월 16일
〈국군 장병에게 보내는 훈령〉을 발표하여 "금일로부터 (미군정
조선경비대의) 육·해군 각급 장병은 대한민국의 국방군으로
편성되는 영예를 안게 됐다."고 선언했다. 그리고 병력 증강,
무기 확보, 공산주의자 색출, 일체감 증진 등 국군을 강화하는
작업에 집중했다.

1948년 8월 31일 미군정과 대한민국 정부의 군사업무 이양

식이 열렸다. 이 자리에서 이범석 대한민국 국방장관에게 군 지휘권을 넘겨준 미군정 통위부장 유동열 역시 광복군 원로였다.

유동열은 임정의 군사 지도자 가운데 가장 선배였다. 그는 일본 육사에 유학한 뒤 대한제국 장교로 복무하면서 항일 비밀 결사인 신민회에 참여했다. 일제에 나라를 빼앗긴 뒤에는 1911년 '105인 사건'으로 2년 동안 투옥됐

사진 28 대한민국임시정부의 군사 정책을 책임지는 군무부 참모총장 시절의 유동열. 그는 환국 후 미군정 통위부장으로 정국이 혼란한 시기의 국가 방위를 책임졌다.

다가 풀려나자 망명했다. 이후 만주와 연해주에서 무장 독립운동을 벌인 그는 대한민국임시정부 수립에 참여하여 군무총장에 임명됐다. 한때 임정을 떠나 러시아·만주·중국 관내關內를 오가며 독립운동을 하던 그는 1931년 만주사변이 일어나자 임정으로 돌아왔고, 1939년 임정의 군사 정책을 책임지는 군무부 참모총장에 선임됐다. 임정 요인 환국 제1진으로 고국에 돌아온 그는 1946년 9월 미군정이 군사 분야를 관할하는 통위부를

설치할 때 책임자로 초빙
되어 혼란 시기의 국방을
맡았다.

유동열 통위부장 밑에
서 조선경비대 사령관을
맡은 송호성도 광복군 훈
련처장과 제5지대장을 역
임한 인물이었다. 그는 보
성전문학교를 중퇴한 뒤
중국으로 가서 보정군관
학교를 졸업하고 중국군
에 근무하다가 광복군에
합류했다. 광복 후 1946
년 12월 조선경비대 사령

사진 **29** 광복군 총무처장·참모처장을 역임한
최용덕. 전투기 조종사 출신으로 환국 후 공
사 교장과 공군참모총장을 지냈고 '공군의
아버지'로 불린다.

관이 됐고, 대한민국 정부 수립 후 조선경비대가 국군으로 개
편되면서 육군총사령관에 임명됐다.

대한민국 정부 출범 후 이범석 국방장관과 함께 국군 창설
을 주도한 최용덕 국방차관은 광복군 총무처장·참모처장 출신
이었다. 1910년 중국으로 망명해 육군군관학교를 졸업한 그는
중국군 장교로 근무하면서 김원봉이 이끄는 의열단에 가담했
다. 일찍이 공군의 중요성에 눈을 떠서 중국공군군관학교에 들

어가 전투기 조종사가 됐으며, 광복군이 창설되자 초빙돼 핵심 간부가 됐다. 해방 후 귀국해서는 항공부대 창설에 힘썼고, 공군이 육군에서 독립한 뒤 공군사관학교 교장과 제2대 공군참모총장을 역임해 '공군의 아버지'라고 불린다.

임정 출신 정치가들이 해방 후 정부 수립 과정에서 행보가 엇갈리고, 때로 일관성이 결여된 모습을 드러냈던 것과 달리 광복군 지휘부는 시종일관 반공 노선을 분명히 하면서 국군 창설이라는 목표를 향해 매진했다. 좌고우면左顧右眄하지 않는 군인 특유의 우직성과 함께 대부분의 광복군 지휘부가 독립운동 과정에서 공산주의자들과 함께 활동하며 그들의 속성을 뼛속 깊이 체험했기 때문이었다. 또 이들은 일찍부터 군사활동 지원을 받기 위해 중국·소련·미국 등 강대국들과 접촉하면서 국제정세에 눈을 떠 한반도를 둘러싼 국제정치에 대한 안목도 갖추고 있었다. 대한민국 수립 과정에서 실제로 수행한 역할과 비중에 견주어 그동안 과소평가되어 온 광복군 지휘부에 대해 더욱 많은 재조명과 평가가 이뤄져야 한다.

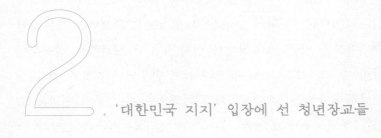

2. '대한민국 지지' 입장에 선 청년장교들

일제가 패망할 무렵 대한민국임시정부와 광복군에는 오랫동안 독립운동을 벌여온 저명한 정치지도자와 군사지도자들 외에 20대 청년들이 있었다. 그들 가운데 일부는 독립운동가의 자손이었지만, 상당수는 일제가 1941년 말 태평양전쟁을 일으키면서 학병으로 끌려간 뒤 일본군을 탈출해 천신만고 끝에 임정을 찾아가 합류한 경우였다. 이들 임정 청년 가운데 훗날 가장 유명해지고 역사적으로 중요하게 된 인물은 잡지 《사상계》 발행인이 된 장준하와 고려대 총장을 역임한 김준엽이었다. 두 사람의 해방 후 행적을 살펴보면 임정 요인들과 광복군 지휘부들의 선택과 행동을 지켜보면서 임정 청년들이 어떤 생각을 했는지 알 수 있다.

광복군 중위로 이범석이 지휘하는 제2지대에서 한반도 투입을 위한 미군 OSS 훈련을 받았던 장준하는 1945년 11월 23일 김구 등 임정 요인 환국 1진을 따라서 귀국했다. 경교장에서 김구의 비서로 근무하던 그는 1946년 여름 이범석이 귀국하자 김구의 양해를 얻어서 1946년 12월 조선민족청년단으로 옮겨 교무처장을 맡았다. 족청에서 일하던 시절 장준하는 반공주의자의 면모를 보였다. 당시 그와 함께 근무했던 서영훈 전 대한적십자사 총재는 "훈련생들이 무기명으로 쓴 논문의 필적을 조사해 누구누구가 공산당 같다고 할 정도로 기독교 신앙과 극우익 사상을 가지고 있었다."고 회고했다. 장준하가 1년여 만에 족청을 떠나게 된 것도 족청에 침투한 공산주의자들에 대한 처리 문제를 놓고 이범석과 의견이 달랐기 때문이었다. 장준하와 절친한 사이였던 김준엽은 해방 후 중국에서 공부하다가 일시 귀국한 1948년 5월 장준하를 2년여 만에 다시 만났을 때 그가 "청년단 내의 좌익분자들에 대한 처리 문제로 철기와 의견이 맞지 않아 그만두었다. 철기가 좌익 불순분자들에게 포위되어 있다."고 말했다고 회고했다.

장준하가 반공 사상을 갖게 된 것은 목사의 아들로 신학생이었던 그의 출신 배경에다 좌파 독립운동가 김원봉과의 악연惡緣 등이 겹친 결과였다. 일본신학교에 다니던 중 학병으로 동원됐다가 일본군을 탈출한 장준하는 김준엽 등과 함께 임정을 찾아가는 도중에 김원봉이 이끄는 광복군 제1지대를 만났다. 김원봉은 50명에 이르는 장준하 일행을 자기 부대에 포섭하려고 했지만 장준하는 이를 거절하고 중경으로 가는 길을 계속했다. 1945년 1월 이들이 중경에 도착한 뒤에도 김원봉은 장준하 그룹을 자신이 이끄는 조선민족혁명당에 끌어들이기 위해 집요하게 노력했다. 하지만 그때마다 장준하는 이를 단호하게 거절하며 비판적 입장을 보였다. 공산주의자와 자신은 체질적으로 맞지 않는다고 느꼈기 때문이었다.

게이오대 동양사학과에 재학하다가 학병으로 나갔던 김준엽은 해방이 된 뒤 바로 환국하지 않고 중국에 남아서 공부를 계속하는 길을 택했다. 김구와 이범석 등은 그에게 귀국해서 함께 일할 것을 거듭 권유했지만 그는 학자가 되고 싶었고 원래 전공인 중국사를 공부하기에 중국이 더 좋다고 생각했다. 그는 한동안 지청천 광복군총사령의 비서로 근무한 뒤 남경 중앙대에서 공부하는 한편 국립동방어전문학교 교수로 한국어 등을 가르쳤다.

김준엽은 1948년 5월부터 4개월 남짓 고국을 방문해 가족과 지인을 만나고 다시 중국으로 돌아가 학업을 계속했다. 잠시 고국에 왔을 때 그는 족청을 나와 미국 유학을 준비하고 있던 장준하를 만나서 임정이 환국한 뒤 2년 반 동안의 한국 정치 상황, 임정 요인과 광복군 지휘부의 움직임에 대한 설명을 들었다. 그리고 김구·이시영·지청천·이범석 등 임정과 광복군 지도부, 그리고 이승만을 두루 찾아가서 인사를 드렸다. 김준엽이 훗날 이 무렵을 회상하며 쓴 다음의 글은 당시 상황에 대한 그의 생각을 진솔하고 자세하게 담고 있다.

　다만 김구 선생이나 김규식 박사, 조소앙 선생이 정부 수립에 참여하지 않은 것이 여간 서운하지가 않았다. 이승만 박사나 이시영 선생, 이범석 장군과 함께 조국의 독립을 위해 수십 년을 항일투쟁에 몸 바쳤던 민족진영의 지도자들이 단합하지 못하는 것이 서글펐다. 이 분들까지 모두 새 정부나 국회에 참여해야만 임시정부를 계승하는 정통성이 뚜렷해질 것이 아닌가. 이북에서는 소련의 책동에 따라 1946년 초에 이미 김일성을 위원장으로 하는 북조선임시인민위원회를 성립시킨 다음 1947년 2월에는 정식으로 인민위원회를 성립시켰고, 1948년 4월에는 헌법을 채택하고 있지 않은가.

　1919년 상해에서 임시정부가 수립되면서부터 귀국할 때까지 김구 선생이나 조소앙 선생은 좌익들 때문에 얼마나 많은 고심을 하였던가. 그들의 생리를 알 대로 잘 아는 분들이 이제 와서 공산당에게 환상을 품는다는 것은 이해가 되지 않았다. 대한민국 정부의 수립으로서 분단이 굳어진다는 논리는 찬성할 수가 없었다. 전국을 공산화하더라도 통일을 달성해야만 된다는 생각이면 대한민국 정부의 수립을 반대할 수 있다. 공산당은 무슨 말을 하든 공산화 통일 이외에는 생각하지 않는 사람들이다. 그리고 그들과의 협상에서는 오직 '힘'밖에 없다는 것은 중국의 국공관계에서도 여실히

증명되는 일이었다. 인간이 기본적으로 추구하는 자유나 민주와 평화가 없는 공산사회를 통일된 조국에 뿌리박게 한다는 것은 막아야 할 것이다.

이 점에서 장준하 형은 나와 꼭 같은 생각이었다. 김구 선생의 애국정신이나 숭고한 민족애는 정말로 훌륭한 것이었으나 월북하여 김일성에게 무슨 기대를 했다는 것은 비현실적이었고, 또 김일성에게 이용당한 것은 옳지 않은 것으로 장형과 나는 의견을 같이하였다.

그러면서도 우리는 해방 이후의 미군정에 친일파가 많이 등용되고 남한에서 친일 민족반역자를 제거하지 못한 것을 개탄하였는데 이제 우리 정부가 수립된 이상 이 문제를 철저히 해결해 줄 것을 기대하였다.　　　　　(《장정 2-나의 광복군 시절 (하)》)

일제 패망 당시 광복군의 중추를 이루던 청년장교들, 특히 학병 출신들은 짧은 기간이나마 임정과 광복군 생활을 통해 공산주의자들의 속성을 잘 알고 있었다. 환국 후 그들은 공산주의에 아무런 환상을 품지 않았고 우익 청년운동 등을 벌이면서 되찾은 나라의 토대를 구축하는 데 힘썼다. 1948년 들어 남한 지역에 정부를 수립하는 문제가 부상하자 이들은 대한민국 정부 수립을 지지하는 입장에 섰다. 정치적 이해관계에 영향 받는 임정의 정치지도자들이 아니라 자신들이 믿고 따랐던 광복군 지휘부의 노선이 옳다고 판단해 '반공 건국'의 길을 선택했던 것이다.

6

대한민국임시정부와 대한민국
– 단절과 계승

1

세월 속에 지워져간 대한민국의 '임정 계승'

1948년 7월 12일 제헌국회 본회의를 통과하고 7월 17일 공포된 대한민국 제헌헌법의 전문前文은 "유구한 역사와 전통에 빛나는 우리들 대한국민은 기미 삼일운동으로 대한민국을 건립하여 세계에 선포한 위대한 독립정신을 계승하여 이제 민주독립 국가를 재건함에 있어서"로 시작된다. 이 부분에 대한 해석은 대한민국이 대한민국임시정부의 법통을 계승했음을 선언했다고 보는 입장(김정인 춘천교대 교수)과 대한민국임시정부를 수립·선포한 3.1독립정신을 계승했음을 선언한 것이라고 보는 입장(주익종 전 대한민국역사박물관 학예연구실장)이 엇갈린다. 하지만 두 입장 모두 새로 수립된 대한민국 정부가 정통성의 연원을 3·1운동(1919년 3월)에서 한성정부(1919년 4월)를 거쳐 통합 대한민국임시정부(1919년 9월)로 이어지는 독립운동에서 찾았다는 데는 의견이 일치한다.

제헌헌법에 '대한민국임시정부 계승'이 명기되도록 주도한 사람은 이승만이었다. 앞에서 살펴본 것처럼 그는 1948년 5월 31일 제헌국회 개원식에서 임시의장으로 한 개원 연설에서 "앞으로 수립되는 정부는 3·1운동의 결과로 서울에서 수립된 임시정부, 즉 한성정부의 법통을 계승하는 정부"라고 선언했다. 해방 후 건국 노선을 놓고 격론이 벌어지면서 임정법통 문제가 쟁점이 됐을 때 "지금 문제 삼지 말고 잠복 상태로 두었다가 정식 국회와 정부가 수립된 뒤에 계승시키자."고 주장했던 그는 1948년 3·1절 기념사를 통해 '한성정부 법통론'을 들고 나오면서 임정법통론을 접수하기 시작했다. 제헌국회 개원식 연설은 머지않아 출범할 새 정부의 최고지도자가 될 것이 확실하던 그가 이를 공식화한 것이었다.

이승만은 제헌헌법안을 국회 본회의에서 심의하는 과정에 '한성정부 법통론'의 연장선에서 '임정 계승'을 전문에 담도록 했다. 제헌헌법 초안을 기초한 유진오가 당초 마련했던 헌법안의 전문은 "유구한 역사와 전통에 빛나는 우리들 조선인민은 우리들과 우리들의 자손을 위하여 기미혁명의 정신을 계승하여 정의와 인도와 자유의 깃발 밑에 민족의 단결을 견고히 하고"로 돼 있었다. 3·1운동만 언급했을 뿐 대한민국임시정부는 거론되지 않았던 것이다. 이어 신익희가 조직한 행정연구회와 유진오가 함께 마련해서 제헌국회 헌법기초위원회에 제출한 헌법안 공동안의 전문은 '기미혁명'이 '삼일혁명'으로 바뀌었을 뿐 역시 임시정부는 언급하지 않았다. 이 공동안을 토대로 제헌헌법안을 마련한 헌법기초위원회에서도 임정은 헌법 전문에 담기지 않았다. 그런데 헌법기초위원회의 헌법안이 국회 본회의로 넘어왔을 때 국회의장 이승만이 전문의 앞부분을 "우리들 대한국민은 유구한 역사와 전통에 빛나는 민족으로서 기미년 3·1혁명에 궐기하여 처음으로 대한민국 정부를 세계에 선포하였으므로 그 위대한 독립정신을 계승하여 자주독립의 조국 재건을 하기로 함."으로 수정하자고 제안했다. 이에 따라 제헌국회가 특별위원회를 구성하고 이를 다시 논의하여 앞에서 본 최종 전문을 통과시켰던 것이다.

이승만이 제헌헌법의 전문에 '대한민국(임시정부)의 계승'을 명문화하려고 한 것은 정략적인 측면이 있었다. 김구를 비롯한 중경 대한민국임시정부의 핵심인사들이 대거 대한민국 정부 수립에 참여하지 않은 상황에서 자신이 집정관총재였던 한성정부, 그리고 초대 대통령이었던 통합 대한민국임시정부와 대한민국 정부를 연결시킴으로써 대한민국 정부의 역사적 정통성(orthodoxy)을 강화하려고 했던 것이다. 임정 요인들이 환국한 뒤 '임정법통론'에 유보적 태도를 보이던 그가 남한 단독선거가 가시화되자 '한성정부 법통론'을 제기한 것은 '임정법통론'을 자신에게 유리한 방향으로 이용하려는 의도가 깔려 있었다. 또 북한 정부와의 민족사적 정통성 경쟁이 시작된 가운데 임정법통론의 계승을 통해 명분의 우위를 차지하려는 목적도 있었다.

그러나 제헌헌법의 전문에 '대한민국(임시정부)의 계승'이 들어간 것은 이승만뿐 아니라 많은 제헌국회 의원들이 임정 계승을 지지했기 때문이었다. 제헌의원의 3분 1 정도를 차지한 무소속 의원들의 상당수는 임정 계통이었다. 또 대한독립촉성 국민회나 한국민주당 소속 의원 가운데도 임정의 정통성을 인정하는 사람이 꽤 있었다. 이들은 제헌헌법 제정 과정에서 임정 계승에 상당한 주의를 기울였다. 헌법기초위원장을 맡은 한민당 소속 서상일 의원은 국회 답변을 통해 "대한민국임시정부의 정신을 계승한다."는 입장을 거듭 밝혔다. 서상일 위원장은 "이 헌법에 임정의 과거 약헌略憲 헌법에 내포된 정치·경제·사회의 삼균주의의 정신이 계승되었는가?"라는 최운교 의원의 질의에 대해 "이 헌법 전문을 통해 비단 몇몇 영역에서 삼균주의가 아니라 모든 영역에서의 만민균등주의가 확인되었다."고 답했다. 한편 국호를 '대한민국'으로 정한 이유에 대해서 조국현 의원은 "대한민국의 국호를 씀으로써 3·1운동을 살려 내고 대한임정의 법통을 계승하여 반만년 찬란한 역사를 접속하는 의미를 가진다."고 말했다.

제헌헌법 전문에 임정 계승이 들어간 것에 대해서 헌법학자들도 같은 의미를 부여한다. 제헌헌법의 뼈대를 만든 유진오는 훗날 "제헌헌법 초안을 기초할 때 (대한민국임시정부가 제정한) 대한민국임시헌장과 대한민국건국강령의 이념을 반영하려고 많은 노력을 하였다"며 "정신적으로 대한민국이 대한민국임시정부의 이념과 그 정신을 계승하여 수립되었다고 볼 수 있다."고 회고했다. 김영수 전 성균관대 교수는 저서 《대한민국임시정부헌법론》에서 "(제헌헌법 전문의) 이 규정은 3·1운동으로 수립된 구舊대한민국(임시정부)의 독립정신을 계승하고, 또 임시정부로부터의 정신적인 계속성을 명시하고 있어 결국 3·1 민족운동으로 설립된 대한민국임시정부와 새로이 광복 민족사 위에서 수립된 대한민국은 민족사적 본질에서 한결같이 연결된다."고 설명했다.

그러면 1948년 8월 수립된 대한민국 정부는 대한민국임시정부를 실제로 계승했을까? 양동안 한국학중앙연구원 명예교수는 〈대한민국과 임시정부의 관계〉라는 논문을 통해 통치 이념과 인적 구성이라는 두 측면에서 이를 실증적으로 분석했다.

먼저 대한민국임시정부의 마지막 통치 이념은 1944년에 개정된 제6차 〈대한민국임시헌법〉과 1941년에 선포된 〈대한민국건국강령〉에 담겨 있다. 양 교수는 전자는 당시 임시정부의 정체성을 나타내주고, 후자는 해방 후 새로운 국가의 창건에 대한 임시정부 구성원들의 미래 희망을 담고 있다고 보았다. 그리고 대한민국임시헌법의 통치이념은 자유민주주의가 주조를 이루고 있으며 대한민국건국강령은 사회민주주의 또는 복지국가 사상이 바탕에 깔려 있다고 분석했다. 그는 1948년 7월 제정된 대한민국의 제헌헌법이 자유민주주의 체제에 바탕을 두면서 자유민주주의 체제가 수용할 수 있는, 그리고 당시의 취약한 국민경제가 감당할 수 있는 범위 안에서 최대치로 건국강령의 국유화와 사회복지 부분을 계승했다고 파악했다. 그리고 이런 분석을 토대로 "대한민국 정부가 통치이념 면에서 대한민국임시정부를 거의 완전하게 계승했다"고 주장했다.

한편 1945년 8월 해방이 되고 남한으로 돌아온 대한민국임시정부 요인은 28명이었다. 이 가운데 대한민국 정부 수립을 위해 실시된 1948년 5·10선거 당시 사망했거나 와병 중이던 홍진·조성환, 북한 정권 수립에 참여한 김원봉·성주식·손두환·박건웅, 고향에 칩거한 황학수를 제외하면 21명이 남한에서 정치활동을 했다. 이 가운데 이승만·이시영·신익희·지청천·이범석·김상덕·연병호·김붕준·유동열·윤기섭 등 10명은 5·10선거에 참여했거나 대한민국 정부 수립을 도왔다. 대한민국 정부 수립에 참여하지 않았던 조소앙·조시원·유림·장건상·김성숙은 뒤에 대한민국에 충성하는 입장을 밝혔고, 1950년 5·30선거에 참여했다. 김규식·최동오·조경한은 5·30선거에도 참여하지 않았지만 대한민국에 대한 충성을 다짐하는 민족진영강화위원회에 참가하였다. 결국 마지막까지 대한민국에 참여하지 않은 김구·조완구·엄항섭의 3명을 제외하면 대다수의 임정 요인이 어떤 방식이든 대한민국에 긍정적 입장을 보였다. 물론 임정의 상징이라고 할 수 있는 김구가 참여하지 않았지만 수적으로 압도적인 대한민국 긍정 비율이 그런 점을 상쇄할 수 있다는 것이 양 교수의 판단이다. 그리고 이런 분석을 토대로 양동안 교수는 "대한민국의 건국은 인적 구성의 면에서 임시정부를 충분히 계승했다고는 말할 수 없을지라도 계승하지 않았다고는 결코 말할 수 없다."고 주장했다.

독립운동사 연구의 1세대 학자인 故 이현희 성신여대 교수도 대한민국임시정부와 대한민국이 인적·사상적으로 연계성을 지닌다고 보았다. 그는 《대한민국 어떻게 탄생했나》라는 저서에서 대한민국 초대 정부의 대통령 이승만, 부통령 이시영, 국무총리 이범석 등 수뇌부가 모두 임정 출신이었고, 임정에서 독립운동을 했던 지청천·허정·임병직·윤보선 등은 정부 요직, 신익희·나용균 등은 국회 요직을 맡았다고 지적했다. 그리고 이준식·채원개·유해준·안춘생·박영준·김국주·박시창·박기성·장호강 등 광복군 중간간부들이 대한민국 국군에 들어가 훗날 장성이 됐다는 점을 들어서 광복군이 국군의 뿌리일 뿐 아니라 대한민국 정부 수립 과정에 크게 기여했다고 설명했다. 이현희 교수는 또 "헌법 제정을 통해 자유민주주의 체제를 구비하고 출범한 대한민국임시정부는 27년간의 경륜을 통해 국내

인사들과 연합 제휴하여 자유민주주의 이념을 건국의 역사로 연결시켜 주는 대한민국의 법통성을 정립했다."고 주장했다. 대한민국의 자유민주주의 헌정 질서가 대한민국임시정부로부터 계승되었다고 본 것이다.

그러나 대한민국 정부 수립 당시 제헌헌법에 담겼던 '임정 계승' 정신은 점차 지워져 갔다. 이승만 대통령이 이끄는 제1공화국 정부는 이런 정신을 지키고 현창하는 데 적극적이지 않았다. 김혜진의 논문 〈제1공화국의 대한민국임시정부 계승 정책〉은 이승만 대통령이 재임한 1948년부터 1960년까지 이루어진 독립유공자 포상과 국가상징물 건립의 분석을 통해 이런 사실을 밝혔다.

이 논문에 따르면 1948년 8월 대한민국 정부 수립 후 조국의 독립과 건국에 공로가 있는 선열들의 공적을 기리기 위해 훈·포장 수여 작업이 시작됐다. 제1공화국 시기에 건국공로훈장(대한민국장·대통령장·독립장)을 받은 사람은 모두 23명이었다. 이 가운데 우리나라 인사는 이승만 대통령과 이시영 부통령의 두 명뿐이었다. 나머지는 한국의 독립운동을 지원한 장개석 중화민국 총통, 6.25전쟁 때 한국을 도운 밴플리트 미8군 사령관과 하일레 셀라시에 에디오피아 황제, 대한제국 시절에 근대화에 공헌한 영국 출신 언론인 어네스트 베델과 미국 선교사 알렌·헐버트·애비슨 등 외국인이었다. 그 밖에 상당수는 이승만 대통령이 미국에서 독립운동을 할 때 한미협회나 한미친우회를 통해 그를 도왔던 미국인이었다.

훈장의 명칭은 건국공로훈장이지만 정작 대한민국의 독립을 위해 일생을 바친 독립운동가 자격으로 이 훈장을 받은 사람은 없었다. 이승만 대통령과 이시영 부통령의 포상 사유도 독립유공자로서가 아니라 대한민국 정부 수립에 공헌한 것이었다. '건국'의 의미를 매우 좁게 이해한 것이었다. 김구·김규식·조소앙 등 대한민국 정부 수립에 참여하지 않은 대표적인 독립운동가는 물론 신익희·이범석·지청천 등 대한민국 수립에 적극 참여하며 앞장선 저명한 독립운동가조차도 건국훈장을 받지 못했다.

독립운동의 공로를 이승만에게 집중시키는 '기념과 기억의 역사정치'는 동상과 비석 등 상징물을 세우는 과정에서도 마찬가지로 진행됐다. 제1공화국 시기에 임정의 역사를 기억할 수 있는 상징물은 하나도 건립되지 못했다. 이승만의 업적을 기리는 상징물은 8개나 세워졌다. 특히 이승만 대통령 탄신 80주년이었던 1955년에는 당시 세계 최대 규모였던 높이 25m의 이승만 동상이 서울 남산공원에 세워진 것을 비롯해서 이승만 송수탑頌壽塔, 우남회관 등이 건립됐다.

제1공화국이 독립운동에 대한 포상과 상징물 건립에서 임정을 배제한 것에 대해 김혜진은 "스스로가 독립운동가이자 임정 요인이었던 이승만은 임정에 대한 기억을 희석시키며 정권의 기반을 강화시켰다."고 분석했다. 주익종은 "그 자신이 임시정부의 대통령이었고 독립운동의 살아 있는 '화신化身'이었던 이승만으로서는 애써 독립운동사를 현창하거나 역사에 기댈 필요가 없었다."고 설명했다.

이처럼 현실의 국가 운영에서 '임정 계승' 인식은 지워져 갔지만 헌법 전문前文의 '대한민국(임시정부) 계승'은 변함이 없었다. 제1공화국 시절인 1952년과 1954년의 두 차례 개헌, 그리고 4·19혁명 후 이루어진 1960년의 두 차례 개헌에서도 이 부분은 그대로 유지됐다. 그러다가 5·16쿠데타 뒤인 1962년 12월 제정된 제3공화국 헌법에서 "우리 대한국민은 3·1운동의 숭고한 독립정신을 계승하고 4·19의거와 5·16혁명의 이념에 입각하여 새로운 민주공화국을 건설함에 있어서"로 수정되었다. '대한민국을 건립하여 세계에 선포한'이라는 구절이 빠지고 '4·19의거와 5·16혁명의 이념에 입각하여'라는 문구가 추가된 것이었다.

이런 사실에 대한 해석은 엇갈린다. 독립운동가들과 일부 학자들은 헌법 전문의 수정이 일본군 장교 출신인 박정희가 대한민국임시정부의 독립운동에 부여된 헌법 제정 유래로서의 지위를 부정한 것으로 헌정사상 묵과할 수 없는 중대한 사건이라고 주장했다. 김준엽 전 고려대 총장은 "한마디로 역사인

사진 **30** 광복군 청년장교 출신으로 환국 후 학계에 들어가 고려대 총장을 역임한 김준엽. 그는 1987년 개헌 작업에서 헌법 전문에 '임정법통 계승'을 명문화하는 데 이론적 기반을 제공했다.

식과 민족의식을 잃은 행위"라고 비판했다. 이들은 박정희가 독립운동가에게 콤플렉스가 있었고, 그의 통치 기간에 독립운동가들이 억압받았다면서 헌법 전문의 수정을 그 연장선에서 해석한다.

하지만 다른 해석도 있다. 김혜진은 앞에 인용한 논문에서 독립운동가에게 본격적으로 훈장이 수여되고 그들이 독립유공자 대우를 받게 된 것은 박정희 정부 때였다고 지적했다. 5.16

쿠데타로 집권한 박정희는 이듬해인 1962년 건국훈장 대한민국장 18명, 대통령장 58명, 독립장 132명 등 208명의 독립운동가를 한꺼번에 포상했다. 대한민국장은 김구·안창호·안중근·윤봉길·이승훈·한용운, 대통령장은 이상설·이봉창·이상재·김성수, 독립장은 유관순·조병옥·최현배 등이었다. 또 그 다음 해인 1963년 이범석 등 4명에게 건국훈장 대통령장, 225명에게 독립장을 수여했다. 그리고 1968년에도 103명에게 건국훈장을 수여했고, 그 밖의 독립유공자에게는 대통령표창이 수여됐다. 이처럼 박정희가 독립운동가 포상에 적극적이었던 이유에 대해 김혜진은 "독립운동가 출신인 이승만 대통령과 달리 역사적 정통성이 미약했던 박정희는 독립운동가 및 임정 요인들에 대한 국가적 보상을 통해 대중적 지지를 받고자 했고, 이를 정권의 안정을 보장받는 데 활용했다."고 분석했다. 박정희는 이승만 정부에서 희미해졌던 임정 계승 인식을 정책을 통해 실현함으로써 자신이 국가지도자가 되는 과정의 절차적 문제점을 보완하려 했다는 것이다.

한국헌법사 전공인 이영록 조선대 교수 역시 〈헌법에서 본 3·1운동과 임시정부 법통〉이란 논문에서 제3공화국 헌법 전문에서 임시정부에 관한 부분이 삭제된 것이 임시정부를 폄하하기 위해서는 아니라고 보았다. 5·16쿠데타의 주역들이 '새로운 민주공화국 건설'을 선언하면서 그 정신적 연원이 '3·1운동의 독립정신'에서 시작돼 '4·19의거'를 거쳐 '5·16혁명'으로 완결됐다는 자의식을 가졌고, 이런 생각이 전문에 담겼다는 것이다. 그 정당성의 자원을 임시정부까지 소급하면 5·16의 의의가 격하될 우려가 있기 때문에 그 구절을 뺐을 뿐이라는 해석이다.

경제사학자 주익종도 〈3·1운동과 대한민국임시정부의 기억〉이라는 학술회의 발표문에서 제3공화국 헌법의 전문이 임시정부를 언급하지 않은 것이 임시정부를 이전보다 홀대한 건 아니라고 주장했다. 제헌헌법 전문의 "3.1운동으로 대한민국을 건립하여 선포한 독립정신을 계승한다."는 구절을 제3공화국 헌법 전문은 "3.1운동의 독립정신을 계승한다."고 줄여서 표현한 것이며 두 개의 헌법 전문이 의미는 사실상 같다는 것이다. 또 박정희 정부 때 역사교육에서 3·1운동과 독립운동사가 비중 있게 다루어졌기 시작했고, 대한민국임시정부와 김구가 교과서에 수록된 것은 김구에 대한 박정희의 호의가 반영된 것이라고 분석했다.

김구에 대한 박정희의 인식은 김구의 아들인 김신 전 교통부 장관의 회고록 《조국의 하늘을 날다》에서 엿볼 수 있다. 5·16 쿠데타가 일어날 당시 공군 참모총장이었던 김신은 5·16 당일 저녁 육군본부에서 열린 육·해·공군 최고 간부회의에서 박정희를 처음 만났다. 박정희는 그를 보더니 "아, 김 장군은 저를 잘 몰라도 저는 (김 장군을) 잘 압니다.《백범일지》를 여러 번 정독하고 깊이 감명 받았습니다."라고 말했다. 이승만 정권 시절 내내 감시당하고 중상모략에 시달린 김신에게 김구를 존경한다며 친밀감을 나타낸 것이었다.

김신은 박정희 정권에서 대만 주재 대사로 8년 동안 재임했다. 그는 대만 대사로 있던 1969년 초 국내에 들어와 박정희 대통령과 함께 술을 마셨다. 마침 3·1운동 50주년을 앞두고 있던 때라서 박정희는 그에게 적당한 기념사업이 어떤 것인지 물었다. 김신은 대한민국임시정부 간판을 끝까지 지키기 위해 중국 각지를 돌아다니며 온갖 고생을 다하면서 투쟁한 김구를 기념하자고 제안했다. 박정희가 이 건의를 받아들여 그해 8월 서울 남산에 김구 동상이 세워졌다. 김신은 앞서 언급한 회고록에 다음과 같이 썼다.

사실, 박정희 대통령은 집권하면서부터 독립유공자들을 돌보는 데 힘썼다. 그는 집권하자마자 맞이한 3·1절 기념식에서 독립운동을 한 사람들에게 훈장을 수여했다. 그리고 유족들이 학교에 다니고 취직을 하는 데 도움을 주었다. 이후로 내 기억으로는 박정희 대통령만큼 독립유공자를 위해 힘쓴 대통령은 많지 않았다.

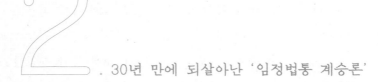

  그러나 독립운동가들과 그 후손은 헌법 전문에서 '임정 계
승' 표방이 빠진 것이 불만스러웠다. 이들은 헌법 전문에 '임정
계승'을 다시 넣어 되살리기를 바랐다. 제5공화국 말기인 1986
년 들어서 개헌 논의가 일어나자 독립운동 관련 단체와 인사
들이 새로 마련되는 헌법 전문에 임정법통성을 명시하자는 운
동을 시작했다. 3·1절을 앞둔 1987년 2월 말 광복회·독립유공
자협회·광복군동지회·한국독립동지회는 공동으로 '대한민국임
시정부 법통에 관한 학술대회'를 열었다. 이 자리에서 광복군
청년장교 출신인 김준엽 전 고려대 총장은 〈대한민국임시정부
의 민족사적 정통성─헌법 전문에 명문화되어야 할 건국정신이
다〉라는 기조연설을 통해 "민족정신을 앙양하고 대한민국의 정
통성을 확립하기 위해서는 대한민국이 대한민국임시정부의 법
통法統을 계승해야 하고, 이를 위해서는 개정되는 헌법 전문에
'임정법통 계승'을 명시해야 한다."고 주장했다. 임정법통성의

부활을 저승에서 임정과 광복군 선배들을 만나기 전 자신이
해야 할 마지막 사명으로 생각했던 그는 심혈을 기울여 쓴 장
문의 연설을 통해 다음과 같이 말했다.

독립투쟁사는 바로 민족사적 정통성의 정신적 원천이다. … 거
의 모든 신생 독립국가에서는 독립투쟁의 주동세력이 그대로 집권
하거나 그렇지 못하더라도 그 독립투쟁사와 그 독립정신을 새 나
라의 건국이념으로 삼아 헌법의 기본정신으로 공인하는 것이 당연
한 것이었다. …

중경에서 돌아온 임시정부나 모든 광복운동자 전체가 건국에
있어서 집권에서 소외되었다고 하더라도 오늘의 대한민국의 건국
이념에서 그 헌법의 기본정신 중 가장 중요한 민족사적 정통성의
근원은 역시 광복운동자 전체의 대표기관인 대한민국임시정부의
역사적 존재임을 아무도 부인할 수 없을 것이다. … 대한민국임시
정부와 그 광복운동의 정통성을 인정하지 않는 북한집단은 그 사
실만으로도 민족사적 정통성을 포기함으로써 열세에 몰리고 있는
것이 분명하다. …

1948년의 제헌국회의 헌법 전문은 대한민국 임정의 건국을 제
1공화국으로 인정하고, 그것을 오늘의 대한민국의 민족사적 정통
성의 근원인 동시에 정당한 통치권원임을 확인하고 있다. … 5·
16 이후의 개헌에서 대한민국임시정부의 건국과 그 민족사적 정통

성의 내용을 그 전문에서 삭제한 것은 헌정사상 묵과할 수 없는 중대한 사건인 동시에 3·1독립정신과 아울러 오늘의 건국에 대한 역사적 정통성을 부여하는 광복운동의 역사적 평가를 외면하거나 부정하고, 국난기의 진정한 우리 민족의 정부와 그 기간의 민족사적 주체의 근원을 무시하려는 역사적 과오를 저지른 것이라 아니할 수 없다. …

모든 광복운동자들과 민족사적 주체의식을 지닌 국민은 우리나라의 기본적인 헌법의 전문에 3·1독립정신의 계승과 더불어 그 정신을 계승하여 건국했던 제1공화국인 대한민국임시정부와 그 광복운동사의 역사적 존재가 다시 삽입되어 광복운동사의 정통성의 광복이 기약되기를 강력히 희구하는 것이다. … 우리는 조국광복을 위해 피 흘려 싸운 광복운동자들의 피의 대가로 이를 요구하며 민족수난의 우리 민족에게 정신적 조국이 되었던 대한민국임시정부와 그 광복투쟁사가 헌법 전문에 기필코 다시 광복되어야 함을 선언하는 바이다.

"헌법 전문에 임정법통 계승을 명시하자"는 독립운동 관련 단체와 인사들의 주장은 광범위한 여론의 호응을 받았다. 조선일보는 1987년 3월 1일자에 실은 사설 〈정당성의 맥脈을 찾자―3·1절에 임정 법통 계승을 생각함〉에서 다음과 같이 주장했다.

민족의 공동체가 살아남기 위해선 역사가 광복돼야 한다. …
최근에 이르러 대한민국임시정부의 법통을 계승하자는 논의가 일
어난 것은 그런 뜻에서 의의가 크다. … 우리에게 지금 필요한 것
은 민족사의 긍지와 정통성의 맥을 어떻게 연결 짓고 이어받느냐
하는 것이다. …

대한민국임시정부 역시 '그저 간판이었을 뿐'이란 일부의 과소
평가와는 달리, 그때의 이념적·실천적·제도적 비전들이 속속 오늘
의 우리에게 시사한 바가 컸다는 사실이 되짚어지고 있다. 우리가
만약 임정의 법통을 외면한다면, 우리는 1948년에 유엔에 의해 인
공적으로 창조된 '시험관 아기'임을 자인하는 것밖엔 안 된다. 우
리는 과연 우리의 창조주(?)를 그때의 유엔총회의 결의문 한 장
에서 구해야 한단 말인가. 이런 어처구니없는 자기부정과 자기비
하卑下에 빠지지 않으려면 우리는 대한민국은 3·1 민족·민주·공
화 혁명운동에 의해 성립한 대한민국임시정부의 정통 후계자라고
당연히 선언하지 않으면 안 된다.

이제 이 정통성의 맥을 감추고 끊으려 했던 친일파들은 우선
생물학적으로 역사의 무대로부터 스러져갔다. 그러니 이제부터라도
우리 세대는 주저 없이, 우리와 항일 민족운동사와의 감격적인 재
상봉과 직결直結을 단행해야 하겠다. 중앙정부는 물론, 각 헌법기
관들과 행정기관들을 비롯해 군軍에 이르기까지 그 자체의 연혁과
역사를 임정과 광복군의 전통에 연결시키는 작업이 활발히 추진돼
야 한다. 이것은 단순한 기록 바꾸기에 그쳐서는 안 되고, 그때의

이념과 정신 및 사관史觀을 실천적으로 되살려 내면화하는 데까지 미쳐야 할 것이다. 이러한 작업은 오늘 우리의 정치적·사회적 균열을 재통합시키는 데 필요한 정당성 확립에도 절대적으로 유익하다.

사람은 물론 등 따습고 배불러야 산다. 그러나 일단 굶주림을 면하고 나면, 그때부터는 정당성과 도덕성을 요구하기 시작한다. 60~70년대에는 그래서 전자前者의 명분으로 후자後者를 뒤로 미루어 버렸다. 그러나 80년대에 국민은, 특히 인구의 70%인 젊은 세대는 정치적 정당성의 확립을 강력히 요구하고 있다. 이것을 충족시킴이 없이는 안정은 어렵다. 이러한 요청에서라도 올해의 3·1절은 대한민국임시정부의 정당한 법통을 오늘의 우리에게 직결시키는 작업의 출발점이 됐으면 한다.

대한민국이 '임정법통'을 계승했다는 주장이 이 같은 호응을 얻을 수 있었던 배경에는 또한 1980년대 들어 역사학계 일각에서 젊은 학자들을 중심으로 강력하게 대두한 민중사학이 대한민국의 역사적 정통성에 의문을 던지던 상황이 놓여 있었다. 이들의 새로운 역사관이 남·북한의 정통성 경쟁에서 대한민국에 불리하게 작용하는 것을 우려한 당시 집권세력은 대한민국임시정부의 계승을 강조함으로써 대한민국의 정통성을 보강하려고 했다. 정부는 민중사학 진영이 펴낸 《한국민중사》에 국가보안법을 적용했고, 국사편찬위원회는 이에 맞불을 놓는 《대한민국사》 편찬에 나섰다.

정부의 이런 입장을 학문적으로 뒷받침했던 사람은 고 이현희 성신여대 교수였다. 그는 1987년에 간행된 《3·1독립운동과 임시정부의 법통성》이란 책에서 다음과 같이 주장했다.

북한 공산분자들의 크고 작은 역사책 어느 부분에도 임정사臨政史의 전후 사실은 전혀 찾아볼 수 없다. 대한민국에서 임정을 법통성의 맥락으로 삼고 있기 때문인 것이다. … 개헌이 어떻게 이루어지던 간에 3·1혁명정신의 계승과 함께 상해 임정 초창기에 제정 공포한 헌법의 정신을 전문에 넣어야 마땅하다. 그래야 국제 경쟁력의 제고와 민주 의회정치의 70년 역사가 부각되고 북한의 정통성 주장에 우리가 항상 여유 있게 압도하고 객관성을 계속 유지할 것임을 분명히 해 둔다.

이런 사회적 분위기는 역사교육에도 반영됐다. 정부의 역사교육 방향을 결정하는 국사교육심의회는 1987년 3월 25일 발표한 국사교과서 개편 시안에서 일제 치하(1910~1945)의 역사 주체가 한민족이라는 시각에서 일제의 식민지 지배보다는 독립운동의 전개와 발전을 중심으로 서술하기로 했다. 또 대한민국이 대한민국임시정부의 정통성을 계승했음을 종전보다 더 구체적으로 명시하고 강조하기로 했다.

1987년 6월 민주화 항쟁 이후 개헌 작업이 본격화되자 독립운동 관련 단체들은 당시 유력한 대통령 후보들에게 새로 마련되는 헌법의 전문에 '임정법통 계승'을 명시할 것을 요구했다. 그 결과 당시 여당이던 민주정의당과 야당인 통일민주당은 임정법통의 계승을 헌법 전문에 넣는 데 합의했다. 당초 민주당이 마련한 헌법 초안의 전문은 "대한민국임시정부의 법통을 계승한다."고 돼 있었지만 민정당 헌법 초안의 전문에는 "대한민국임시정부의 정신을 계승한다."라고 돼 있었다. 김준엽 전 고려대 총장 등은 독립운동가 이회영의 손자이자 이시영 초대 부통령의 종손從孫인 이종찬 민정당 원내대표에게 '정신'을 '법통'으로 바꿀 것을 역설했다. 이런 요구는 국회 헌법개정 특별위원회의 민정당 의원들에게 전달돼 반영됐다. 1987년 9월 8일 민정·민주 양당의 합의로 발표된 새 헌법안의 전문은 "유구한 역사와 전통에 빛나는 우리 대한민국은 3·1운동으로 건립된 대한민국임시정부의 법통과 불의에 항거한 4·19 민주이념을 계승하고"로 돼 있었다. 대통령 직선제를 골자로 하는 이 헌법안은 1987년 10월 27일 실시된 국민투표에서 압도적 찬성으로 확정됐다.

　　1987년 10월 2일 유력한 대통령 후보인 김영삼과 김대중 등이 참석한 가운데 '대한민국임시정부 법통 계승 기념회' 행사가 서울 세종문화회관에서 열렸다. 이 자리에서 임정 국무위

사진 **31** 대한민국임시정부 국무위원이었던 조경한. 1987년 임정기념사업회 회장으로 헌법 전문에 '임정법통 계승'을 명문화하는 작업을 주도했다.

원 출신으로 대한민국임시정부기념사업회 회장을 맡고 있던 조경한은 "임정은 2천만 한민족의 자발적 동참 의식 속에 출범한 정통정부로서 새로 개정될 헌법 전문에 뒤늦게나마 그 법통성이 명시되는 것은 당연한 일"이라고 말했다. 조경한은 1948년 8월 대한민국 정부가 수립된 후 임정과 한독당이 대한민국 국정 운영에 참여할 것을 주장한 현실파의 대표적인 인

물이었다. 그는 민족진영강화위원회에 적극 참여했고, 훗날 제
6대 국회의원을 지냈다.

　1987년 개정된 현행 헌법에 '임정법통 계승'이란 문구가 제
헌헌법보다 더 분명하게 들어감으로써 대한민국 정부 수립을
전후하여 이승만 초대 대통령과 조소앙 등 임정 요인들이 내
세웠던 대한민국의 '임정법통 계승'은 40년 만에 헌법적으로
완성됐다. 그리고 그것이 대한민국 정부 수립을 지지했던 김
준엽·조경한 등 임정과 광복군 인사들에 의해 주도되었다는
사실 또한 커다란 의의를 갖는다. 냉전의 심화라는 국제정치
적 제약과 국내 정치인들의 정치적 이해타산에 의해 뒤틀렸던
대한민국의 역사가 다시 제 길을 찾는 실마리가 마련된 것이
었다.

맺음말
— 오늘에 던지는 과제들

우리 헌법의 전문에는 대한민국임시정부의 법통 계승이 명시돼 있다. 이를 보면 대한민국이 대한민국임시정부를 계승했다는 역사적 사실은 의문의 여지가 없는 것처럼 보인다. 하지만 여전히 대한민국과 대한민국임시정부의 관계에 대해서 논란이 거듭되고 있는 것 또한 부인할 수 없다. 독립운동에서 대한민국임시정부의 대표성을 인정하지 않는 주장은 논외로 하더라도 임정을 높이 평가하는 전문 연구자들도 대한민국과의 계승 관계에 관해서는 입장이 미묘하게 갈린다.

　　한시준 단국대 명예교수는 대한민국 정부가 대한민국임시정부를 계승·재건했다고 적극적으로 평가하는 입장이다. 그는 저서 《대한민국임시정부Ⅲ-중경시기》에서 "대한민국 정부는 그 헌법에 임시정부를 계승 재건한 것, 또는 임시정부의 법통을 계승하였다는 사실을 밝혀 놓았다. … (대한민국 정부가) 대한민국임시정부의 법통을 계승하였다는 것은 대한민국임시정부를 물려받아 그것을 이어나간다는 말이다."라고 썼다. 여기서 '임정의 계승 재건'은 제헌헌법의 전문을, '임정의 법통 계승'은 1987년에 개정된 현행헌법의 전문을 각각 가리킨다. 그는 대한민국 정부가 대한민국임시정부에서 사용했던 국호·연호·국민주권·민주공화제를 그대로 계승하였다고 분석했다.

　　그리고 한 교수는 "흔히 대한민국 정부는 이승만이 친일세력을 기반으로 하여 수립하고, 친일인사들이 중심이 된 것으로 알려져 있지만 그렇지 않다."며 "1948년에 수립된 대한민국 정부는 당(국회)·정(행정부)·군(국군)의 최고 책임자로 임시정부 요인을 기용했고, 임정 요인 외에 각부 장관들도 독립운동에 관계되거나 항일변호사로 활동했던 인물이었다."고 지적했다. 또 그는 "대한민국 국군은 정신적인 면뿐만 아니라 인적으로도 광복군과 관계가 있다."고 분석했다. 앞에서 살펴본 것처럼 미군정은 건군을 추진하면서 광복군을 중용하고자 하여 국방장관에 해당하는 통위부장에 대한민국임시정부 참모총장 유동열, 조선경비대 사령관에 광복군 제5지대장 송호성을 각각 임명했다. 대한민국정부 수립 후 광복군 참모장 이범석이 국방부 장관에 임명되었고, 국군이 창설되면서 광복군 출신들이 국군과 육군사관학교에 들어갔다. 광복군 간부였던 최덕신·김홍일·이준식·안춘생이 육사 교장을 6대부터 9대까지 역임했다. 한 교수는 이 같은 사실들을 들어 "대한민국임시정부는 대한민국 정부의 뿌리이자 기원"이라고 주장했다.

김희곤 안동대 교수는 대한민국 정부가 대한민국임시정부의 정통성을 완전히 계승했다는 주장에는 무리가 있다는 입장이다. 그는 《임시정부 시기의 대한민국 연구》라는 저서에서 "(임정의) 일부 구성원들이 새로 수립된 (대한민국) 정부에 참여했지만 결코 주력인사들이 아니었다."며 "대한민국임시정부와 대한민국 정부 사이에는 인적 계승에서 불완전성이 두드러진다."고 썼다. 김구가 남한 단정 참여에 반대하면서 권력이 이승만에게로 기울자 임정 내부에서 이탈자가 속출했고, 이승만을 비롯한 대한민국 집권세력은 임정 출신 인사들을 흡수하여 '임정 계승'이라는 명분을 쌓았다는 것이다.

김 교수는 또 "대한민국 제헌헌법은 임시정부 시절 대한민국이 제시한 '열린' 이념과 정책을 승계하였지만 실제로는 이념적 통합을 모색할 광장을 배제시킨 '닫힌' 정부가 되고 말았다."며 "대한민국 정부가 대한민국임시정부가 표방했던 정신을 계승한 점은 사실이지만 이념적 포용성은 오히려 줄어들었다."고 지적했다. 그는 이런 사실들을 들어 "대한민국이 임시정부 시기의 대한민국을 계승한 점도 많지만 실제로는 그렇지 못한 점도 많다는 사실을 인정해야 한다."고 주장했다.

대표적인 독립운동사 연구자 사이에서도 대한민국임시정부와 대한민국 정부의 계승 관계에 대해 이렇게 관점의 차이가 나게 된 것은, 임정과 대한민국의 역사적 계승 과정과 그에 대한 인식이 앞에서 살펴본 것 같은 우여곡절을 겪었기 때문이다. 해방 후 냉전이 첨예하게 심화되는 상황에서 대한민국임시정부가 중심이 되어 대한민국 정부를 수립하지 못했다. 정부 수립 과정에서 임정 요인의 상당수가 국정 운영에 참여했지만, 처음에는 참여하지 않았다가 뒤에 '대한민국 육성론'을 펼치면서 참여를 모색했던 임정 요인들은 6.25전쟁이 발발하는 바람에 뜻을 이루지 못했다. 그리고 1950년대 이후 대한민국의 '임정 계승' 기억이 서서히 지워져 가다가 1980년대 후반에 이르러서야 간신히 되살아났다. 이런 파란만장한 역사가 대한민국임시정부와 대한민국 정부를 선명하게 계승 관계로 파악하는 것을 어렵게 만들고 있다. 따라서 대한민국임시정부와 대한민국 정부의 관계를 올바로 이해하기 위해서는 이 같은 역사적 과정에 대한 냉철한 복기復碁와 성찰이 필요하다.

오늘의 시점에서 역사를 돌아볼 때 가장 안타까움을 느끼게 되는 것은, 천신만고 끝에 1950년 5·30선거에서 당선돼 대한민국 국정 참여의 발판을 마련했던 조소앙·윤기섭·장건상 등 임정 요인들이 6·25전쟁이 발발하면서 납북 등의 이유로 '대한민국 육성'이라는 간곡한 뜻을 펼치지 못한 것이다. 5·30선거에는 안재홍·원세훈 등 이들과 뜻을 같이하던 국내파 독립운동가도 상당수 당선됐다. 또 이시영·신익희·지청천·이범석 등 이들과 중국에서 고락을 함께 했던 임정 요인과 광복군 지휘부가 먼저 대한민국 정부에 참여하고 있었다. 그리고 해방 정국에서 중간파를 이끌었던 김규식, 한독당 현실파를 대표하던 조경한 등도 대한민국 국정 참여의 기회를 엿보고 있었다. 대한민국임시정부를 공통의 기반으로 하는 이들이 서로 연대하여 대한민국 정부 수립을 주도했던 이승만·한민당과 경쟁하고 견제하면서 1950년대 이후 국정의 한 축을 담당했더라면 대한민국 초창기의 국가 운영은 역사적 정통성이나 정부 효율성에서 훨씬 더 튼튼한 기반을 다질 수 있었을 것이다. 이런 가능성을 무산시킨 것은 6·25전쟁이었다. 결국 대한민국이 더 건강하게 발전하는 것을 가로막은 주범은 무모한 전쟁을 일으켜서 엄청나게 많은 동포를 죽음으로 몰아넣고 대한민국의 정치를 왜곡시킨 북한 정권 수뇌부였다.

다음으로 아쉬운 점은 1948년 8월 대한민국 정부가 수립된 뒤 대한민국 지지 입장을 분명하게 밝혔던 조소앙 등 임정 요인들에 대해 이승만과 한민당이 거부 반응을 나타낸 것이다. 해방 직후 '임정 봉대' 입장을 가장 먼저 밝혔던 한민당은 당黨의 지도자인 송진우와 장덕수가 암살된 후 임정과 한독당에 적대적 입장으로 돌아섰고, 조소앙 등의 노선 전환에 대해서도 냉소적인 태도를 보였다. 그리고 당시 정부 수립 과정에서 한민당의 협조가 절실했던 이승만은 이에 영향 받지 않을 수 없었다.

임정 세력에 대한 이승만과 한민당의 부정적 입장은 대한민국 지지 여부와 상관없었다. 대한민국 정부 출범 후 '대한민국 육성론'을 주장하며 민족진영강화위원회에 집결했던 임정 현실파와 중간파, 그리고 안재홍 등 순정純正우익에 대해 이들은 차디찬 시선을 보냈다. 한민당이 이 무렵 발표한 성명서와 문건을 보면 그들에 대한 짙은 의심과 불만이 여과 없이 드러나 있다. 쉽게 말해서 "우리가 순교자까지 내면서 피와 땀을 흘려서 겨우 대한민국을 세워놨더니 그동안 지켜보고 방해하던 놈들이 숟가락을 들고 달려드느냐!"고 질타했던 것이다.

우파 민족주의자들 안에서 벌어진 이런 불화와 갈등은 당대는 물론 후대에까지 커다란 그늘을 드리웠다. 역사적 뿌리와 이념적 지향이 근본적으로 다르지 않았던 임정 세력과 한민당이 간신히 되찾은 나라에서 민족의 이익을 실현하기 위해 대동단결할 수는 없었을까. 좌파 공산주의자들과 소련의 방해 책동을 뚫고 힘들게 출범한 대한민국의 기반을 강화하기 위해 국내에 강력한 현실적 기반을 갖고 있던 한민당이 민족적 대의명분과 쟁쟁한 인재들을 갖고 있던 임정 세력과 왜 손을 잡지 못했을까. 우리 민족사에서 매우 엄중했던 시기에 숨김없이 드러났던 부끄러운 '분열의 DNA'는 지금 대한민국의 우파들에게 그대로 전해지고 있는 것은 아닐까.

또 하나 비판받아야 할 것은 대한민국 정부 수립 후 나타났던 '독립운동 공로 이승만 몰아주기'이다. 이승만 대통령이 집권한 12년 동안 건국훈장을 받은 한국인이 이승만 본인과 이시영의 단 두 명이었고, 그것도 독립운동 공로가 아니라 초대 정·부통령으로 정부 수립에 공헌했기 때문이라는 사실은 놀랍고도 어이없다. 임정 주석과 부주석이었던 김구나 김규식은 물론이고 대한민국 정부 수립 후 국회의장을 역임한 신익희, 초대 국무총리였던 이범석, 국군 창설과 기반 확립에 크게 공헌한 지청천 등 대한민국 정부의 출범과 안정에 이바지한 인물 가운데 아무도 건국훈장을 받지 못했다. 물론 이승만이 독립운동과 대한민국 정부 수립 과정에서 보여준 지도력은 뛰어난 것이었지만 그렇다고 그가 독립운동과 대한민국 수립의 유일한 지도자로 자리매김하는 것은 옳지 않았다. 점점 더 노쇠해가던 이승만이 측근들의 아부를 막지 못한 탓이라고 설명하기에는 그것이 초래한 민족정기의 훼손이 너무나도 컸다.

마지막으로 지적해야 할 것은, 1980년대 후반에 이르러 헌법 전문에 '임정법통 계승'을 다시 넣는 과정이 그 역사적 정당성과 중요성에 걸맞도록 신중하고 사려 깊게 이뤄지지 못했다는 점이다. 앞에서 살펴본 것처럼 대한민국임시정부와 대한민국 정부의 관계는 순탄하게 이어졌다가 우연히 단절된 것이 아니었다. 매우 복잡한 관련을 맺고 있는 양자를 다시 연결하려면 그 연결고리를 정교하게 검토한 뒤에 섬세하게 접근했어야 했다. 이 책에서 살펴본 역사적 사실들을 충분히 검토하고 그것들에 대한 깊은 성찰 위에서 대한민국임시정부와 대한민국 정부를 결합시켰어야 하는 것이다.

그런데 제헌헌법의 전문에 들어 있다가 빠진 구절을 다시 넣기만 하면 된다는 식으로 접근한 것은 최선의 방법이 아니었다. 1987년 헌법 전문을 개정할 당시 이를 성사시키는 데 큰 역할을 했던 대한민국임시정부기념사업회의 회장은 대한민국 정부 수립 뒤에 한독당의 대한민국 국정 참여를 주장하는 현실파를 이끌었던 조경한이었다. 임정 국무위원을 역임한 그는 박정희가 정권을 잡은 뒤 1962년 건국훈장 독립장을 받았고, 1963년 제6대 국회의원으로 국정에도 참여했다. 또 '임정 법통 계승'을 헌법 전문에 명시하자는 여론을 선도했던 사람은 광복군 장교 출신으로 해방 후 대한민국 지지 입장에 섰던 김준엽 전 고려대 총장이었다. 대한민국임시정부와 대한민국 정부의 역사적 관계를 누구보다 잘 알고 있었고, 해방 후 민족사적 정통성 확립과 근대국가 건설이란 양대 과제를 조화시켜야 하는 필요성을 이해했던 두 사람이 헌법 전문을 바꾸는 과정에서 좀 더 넓고 깊게 생각하지 못했던 것은 아쉬움을 남긴다.

대한민국 정부 수립 이후 대한민국임시정부에 대한 우리 사회의 집단적 기억이 거쳐 온 이런 파행과 왜곡은 지금까지도 많은 부작용을 낳고 있다. 그리고 그런 부작용은 이념적인 좌와 우, 친親임정과 반反임정을 가리지 않고 나타나고 있다. 이제 그런 문제들을 짚어보면서 해결책을 모색해 보기로 한다.

하나는 대한민국임시정부를 '반反대한민국'으로 간주하는 입장이다. 이렇게 주장하는 사람들은 일부 임정 요인이 남한 단독정부 수립을 반대하고 대한민국 정부에 참여하지 않은 점을 근거로 든다. 하지만 앞에서 살펴본 것처럼 임정에서 지도적인 위상과 영향력을 갖고 있던 많은 인사들이 차례로 대한민국 지지 입장으로 선회했다. 그리고 임정과 한독당을 지지하는 보통 사람들은 광범위하게 '친親대한민국' 입장이었다. 그들 가운데 상당수는 5·10선거에 무소속으로 출마했고, 조소앙이 대한민국 국정 참여를 내걸고 한독당을 떠나서 사회당을 만들었을 때 동조했다.

임정을 반대한민국으로 보는 사람들은 1948년 대한민국 정부 수립을 밖에서 이식된 것으로 생각하는 경향이 있다. 그들은 자유민주주의와 시장경제를 토대로 하는 오늘날의 대한민국이 20세기 전반에는 일본을 거쳐, 그리고 후반에는 미국에서 수입됐고 그것을 받아들인 주역은 이승만과 한민당이었다고 주장한다. 하지만 대한민국 제헌헌법은 대한민국임시정부가 제정한 임시헌법과 건국강령의 영향 아래서 만들어졌고 그런 골격은 지금까지 이어지고 있다는 것이 한국헌법사, 한국현대정치사, 한국현대사를 공부하는 많은 학자들이 지적하는 바이다.

이승만을 추앙하는 인사들이 '1948년 건국론'을 주장하면서 정작 그가 제기했던 '한성정부 법통론'은 거론하지 않는 것도 모순이다. 물론 도진순 교수가 지적했듯이 이승만이 한성정부 법통론을 제기한 것은 역사적 사실로서의 건국을 주장했다기보다는 건국의 원점에 대한 기억을 정치적으로 이용하기 위해서였다. 하지만 대한민국임시정부의 초대 대통령이었으며 해방 무렵에도 임정 주미駐美외교위원장이었던 이승만이 '임정법통'의 끈을 놓지 않고 이에 기대려 했다는 사실은 중요하다. 대한민국 정부가 수립될 당시는 물론 지금까지도 대한민국임시정부가 우리 국민에게 지니는 영향력은 매우 강력하다. 이런 점에서 임정을 지금의 대한민국과 단절하려는 시도는 역사적으로도, 현실적으로도 성공하기 어렵다.

다른 하나는 대한민국임시정부가 한국독립운동사에서 지니는 대표성을 인정하지 않으면서도 이를 정치적으로 이용하려는 입장이다. 1920년대 독립운동가들 사이에서 사회주의·공산주의가 수용된 이후 좌파는 대한민국임시정부의 역사적 의의와 독립운동계에서의 위상을 높이 평가하지 않았다. 이는 독립운동 시기는 물론 해방 후에도 마찬가지였다. 1945년 말 환국한 임정 요인들은 조선공산당과 '조선인민공화국' 등 좌파 정치세력의 공격 대상이 됐고, 북한에 정권이 수립된 후에는 그들로부터도 거센 비난을 받았다.

좌파는 광복 직후부터 '임정법통론'에 부정적이었다. 박헌영은 "대한민국 임시정부는 인민과 단절된 망명자 클럽에 불과하고, 법통을 주장하는 것은 과대평가"라고 폄하했다. 임정 수립 초기에 참여했던 여운형은 환국한 임정에 대해 '노인들뿐이요, 밤낮 앉아 파벌 싸움이나 하는 무능 무위한 사람들'이라고 깎아내렸다.

대한민국 정부 수립을 전후하여 좌파가 대거 월북하고 곧 6·25전쟁이 일어난 뒤 남한에 반공 체제가 확립되면서 좌파적인 임정 비판은 사라졌다. 그러다가 한 세대가 지난 1980년대 중반 좌파적인 민중사학이 대두하면서 임정법통 부정론이 다시 제기됐다. 민중사학자들은 임정이 독립운동단체에 불과했고, 민족해방운동의 영도기관은 아니었다고 주장했다. 민중사관에 따른 연구서나 대중서는 임정을 언급하지 않거나 부정적으로 서술했다. 그들은 "임정의 정통성을 강변하는 것은 남한 단정 수립을 합리화하려는 역사 왜곡"이라고 주장했다. 1987년 개헌으로 헌법 전문에 '임정법통 계승'이 들어가자 "임정에 대한 평가마저 정치적 판단에 따라 제약받게 됐다"고 비판했다.

시간이 흐르면서 민중사학 일각에서 '민주공화정으로서 대한민국임시정부'에 주목하는 연구 경향이 생겨났다. 또 일부 원로 좌파 역사학자는 1940년대 초반에 민족통일전선의 면모를 갖추게 된 임정에 일정한 의미를 부여했다. 하지만 대다수 좌파 역사학자들은 여전히 남북한 대립 상황에서 임정법통성이 지니는 정치적 의미를 경계했다.

그런데 2000년대 후반 들어 갑자기 좌파 역사학자들이 임정법통론을 지지하는 듯한 기묘한 상황이 전개됐다. 우파 내에서 일부 학자와 정치인이 대한민국 정부가 수립된 1948년 8월 15일을 '건국절'로 기념해야 한다는 주장을 펴고, 독립운동사 연구자들과 독립운동 관련 단체들이 대한민국의 건국 시점은 1919년 4월 11일 대한민국임시정부 수립이라고 주장하며 대립하자 좌파 역사학자들이 후자에 동조했던 것이다. 이들은 '1919년 건국론'을 주장하는 성명서에 가세했고, 현행 헌법 전문의 '임정법통 계승'에 대해서도 "헌법을 수호하는 것은 곧 헌법에 담긴 역사관을 수호하는 것"이라고 옹호하기 시작했다. 그리고는 그동안 별로 높이 평가하지 않았던 김구를 기리는 백범기념관으로 몰려가 참배하고 정치성이 짙은 행사들을 가졌다.

좌파 역사학자들이 갑자기 '임정법통론 지지'로 돌아서자 원로 정치사학자 신복룡 건국대 명예교수는 저서 《인물로 보는 해방정국의 풍경》에서 "김구는 어찌 보더라도 좌파일 수가 없는 사람이다. … 진실로 김구를 숭모하는 사람들이라면 자칭 진보라는 좌파들로부터 김구를 '구출'하는 것이 먼저 해야 할 일"이라고 일갈했다. 또 한 젊은 민중사학자는 "학문의 '전향'이라고도 할 수 있는 상황을 시대적 과제에 따른 선택이라는 관점에서 접근하면 이해되는 측면이 없는 것은 아니다"고 냉소적으로 언급했다. 정치적 목적을 위해서라면 학자로서는 자살이나 다름없는 학문적 전향을 전향 선언도 없이 슬그머니 하는 선배들을 꼬집은 것이었다.

그러나 좌파 역사학자들은 그로부터 10여 년이 지나 '임정법통론 비판'으로 또 다시 선회했다. 대한민국임시정부 수립

100주년 기념식이 끝난 바로 다음 날인 2019년 4월 12일 역사문제연구소·한국역사연구회·역사학연구소 등 좌파 역사학계를 대표하는 3개 단체는 공동학술회의를 열고 임정법통론은 "남북한 분단 상황에서 대한민국에 배타적 정통성을 부여하는 체제 경쟁 논리"라며 그동안 자신들이 임정법통론에 편승해 온 것은 잘못이라고 선언했다. 이들은 '1948년 건국론'과 '1919년 건국론'에 대해 "대한민국 건국의 정당성을 전제하고 대한민국의 정체성을 반공·산업화와 민족·민주화의 어느 쪽에서 찾느냐는 논쟁"이라며 양쪽을 싸잡아 비판했다.

좌파 역사학계가 이처럼 '임정법통론 비판'이라는 원래 입장으로 돌아간 것은, 자신들이 지지하는 문재인 정부가 역사를 정치적으로 이용하는 '역사 정치'를 강력하게 펴면서 국군의 뿌리를 광복군에서 찾는 등 임정법통론에 기대는 모습을 보였기 때문이다. 보수 정권 시절 정권을 비판하기 위해 국민적 호소력이 큰 임정법통론을 이용했던 이들은 임정법통론이 국가의 역사관에 실제로 영향을 발휘하게 되자 브레이크를 걸고 나온 것이다. 이들은 국립 대한민국역사박물관이 '1919년 건국론'에 입각해 상설전시 개편을 추진하는 것에 대해서도 반대하고 나섰다.

이 공동학술대회에서 한 중견 역사학자는 "임정법통론을 극복하기 위해 그토록 많은 시간과 열정을 쏟아왔음에도 임정법통을 지키기 위한 전쟁에 내몰려 어느 순간 스스로가 '임시정부주의자'가 돼 있는 모습을 발견하곤 했다."고 말했다. 누가 그를 '전쟁'으로 내몰았을까? 그는 그동안 자신이 학문을 정치에 종속시켜 왔음을 스스로 고백한 것이다. 그리고 정치적 목적을 위해 동원되는 학자는 상황이 달라지면 얼마든지 입장을 바꿀 수 있음을 보여주었다.

'임정법통론'에 대한 좌·우 양쪽의 편향되고 정치적인 입장을 벗어나면 대한민국임시정부와 대한민국의 관계를 역사적 사실에 입각해 균형 있게 설정하는 과제가 남는다. 여기에 대해서는 일찍이 1세대 독립운동사 연구자인 이현희 교수와 광복군 청년장교 출신인 김준엽 전 고려대 총장이 임정을 대한민국의 '제1공화국'으로 삼자고 제의한 바 있다. 한국 사회사학계의 원로인 신용하 서울대 명예교수는 대한민국 건국을 1919년에 시작돼 1948년에 완성된 '역사적 과정'으로 파악해야 한다고 역설한다. 중도 성향의 대표적 한국현대사 연구자인 도진순 교수는 1948년 건국을 '역사적 사실'로, 1919년 건국을 '기억과 기념'으로 이해해야 한다고 주장한다. 진보 역사학계의 중진인 박찬승 한양대 교수는 "대한민국임시정부는 세계 최초로 민주공화제를 헌법에 명시했고, 임정의 '건국강령'은 건국 이후 대한민국이 나아갈 길을 구상한 것으로 1948년 제헌국회는 그 취지를 상당 부분 계승하여 제헌헌법을 제정했다."며 "대

한민국임시정부는 독립운동의 상징으로서 계속 존재하였을 뿐
아니라 민주공화국 대한민국의 역사를 시작했다는 점에서 큰
의의를 갖는다.”고 했다. 이들 학자는 세대와 이념적 경향을
달리하지만 20세기 전반 우리 역사의 흐름 속에서 실사구시實
事求是적으로 대한민국임시정부를 바라보고 그 역사적 위상을
찾는다는 점에서 공통점이 있다.

대한민국 정부 수립 70주년과 대한민국임시정부 수립 100주
년을 연이어 보내고 난 시기는 이러한 기왕의 설득력 있는 주
장들을 토대로 더 성숙되고 국민적 공감대를 얻을 수 있는 논
의가 시작돼야 할 적절한 시점이다. 이제 이와 관련하여 우리
가 특별히 유념해야 할 점 두 가지를 짚어보려고 한다. 그리고
이들은 서로 밀접하게 연결돼 있기도 하다.

하나는 대한민국임시정부를 김구를 중심으로 하는 단일 세
력으로 이해하고, 임정 전체가 대한민국 정부 수립에 부정적이
었다고 주장하는 것은 잘못이라는 점이다. 앞서 살펴본 임정
국무위원 조경한의 회고록에도 잘 나타나 있듯이 1940년대 전
반의 임정은 백(白:민족주의자)·적(赤:공산주의자)·흑(黑:무정부
주의자)이 전략·전술적 필요에서 손을 잡은 연합세력이었다.
또 민족주의자들의 결집체인 한국독립당도 김구를 주축으로
하는 한국국민당, 조소앙과 홍진이 이끄는 (재건)한국독립당,
지청천 등이 중심이 된 조선혁명당이 통합해서 만들어졌다. 따

라서 중경 시절에도 임정 운영을 둘러싼 주도권 다툼이 치열했던 것은 물론 한국독립당 안에서도 세 그룹이 당권을 놓고 경쟁했다. 그래서 환국할 무렵 임정 요인들은 '당의 보따리를 풀지 않기로' 합의했지만 1946년 2월 비상국민회의가 민주의원으로 탈바꿈하는 과정에서 좌파 세력이 떨어져 나가면서 이 합의는 깨졌다. 이후 한독당 이름으로 활동하던 우파 민족주의자들도 남한 단독정부 수립에 대한 견해 차이로 신익희·이시영·지청천 등 중요 인사가 이탈하였고, 1948년 4월 남북협상이 실패로 끝난 뒤 조소앙 등이 한독당을 탈당해 사회당을 만들고 나서는 각자의 길을 걷게 됐다.

따라서 김구·조완구·엄항섭 등 한독당 골수 그룹이 대한민국 정부에 동조하지 않았다고는 할 수 있지만 양동안 교수의 연구에서도 드러나듯 임정 요인의 대다수는 결국에는 대한민국 정부 수립의 불가피성을 받아들였다. 특히 1949년 하반기 민족진영강화위원회에 집결했던 임정 세력과 중간파는 '대한민국 육성론'을 적극적으로 펴면서 현실 정치에 참여해 막 출범한 대한민국 정부의 국정운영 능력과 정통성을 보강하려고 했다. 대한민국임시정부가 1945년 12월 환국 이후 걸었던 이 같은 정치적 행보를 역사적 사실 그대로 파악할 때 임정과 대한민국 정부의 관계를 올바로 파악할 수 있다.

다른 하나는 대한민국을 수립한 주체를 누구로 볼 것이냐는 문제이다. 일부에서는 남한 단독정부를 앞장서서 추진했던 이 승만과 한민당 세력을 대한민국 수립의 주역으로 간주한다. 이는 대한민국정부 출범 당시부터 그랬다. 앞서 언급했던 한민당과 민국당 선전부장 함상훈의 글에는 대한민국정부 수립을 위해 피 흘린 자파 세력에 대한 배타적인 자부심이 짙게 묻어난다. '1948년 건국론'을 펴는 지식인들 가운데 상당수도 비슷한 생각이다. 주익종 낙성대경제연구소 연구위원은 "1948년 대한민국을 세운 보수 세력의 기원은 3·1운동 준비 과정에서 기폭제 역할을 했지만 나중에 일제에 협력해 다소 '때가 탄' 인물들"이라고 주장했다. 일제 치하 국내에서 교육·언론·산업 등을 통해 우리 민족의 근대화를 위해 힘썼고 그 과정에서 일제 말기에 불가피하게 일제에 부분적으로 협력했던, 당시 한민당으로 대표되던 세력이 대한민국 수립을 주도했다는 것이다.

그러나 한민당 세력이 국내에 기반이 약한 이승만을 도와 대한민국정부 수립에 기여한 것은 사실이라고 해도 그들이 대한민국 수립의 공로를 독차지하는 것은 옳지 않다. 역사적으로 볼 때 대한민국정부는 1946년 중반 시작된 남한 단독정부 추진의 결과로만 세워진 것은 아니다. 1919년 3·1운동과 그 결과로 만들어진 대한민국임시정부, 그리고 그 이후 30년 동안 국내외 각지에서 펼쳐졌던 독립·건국운동의 성과이다. 대한민국 수립을 1948년 8월 15일 벌어진 '사건'으로만 이해하는 것은 너무나 근시안적인 관점이다. 대한민국 수립은 조선왕조 말에 시작된 근대국가 건설 운동이 반세기 만에 성공을 거둔 '과정'으로 이해해야 한다.

또한 대한민국 수립의 토대는 근대적인 경제적·제도적 기반에만 있지 않았다. 민족사적 정통성을 잇는 정신적 기반도 그 못지않게 중요했다. 오랜 독립운동으로 민족적 신망을 받고 있던 이승만·이시영·신익희·지청천·이범석 등이 대한민국 정부 수립에 주도적으로 참여했기에 대한민국이 순조롭게 출범할 수 있었다. 그리고 역시 중망衆望이 두터웠던 조소앙·안재홍 등이 외곽에서 대한민국 정부를 비판적으로 지지한 것도 큰 힘이 됐다. 이들을 함께 시야에 넣을 때 우리는 대한민국 수립의 역사적 의미를 제대로 이해할 수 있다.

이런 점에서 우리는 이제 대한민국의 '건국의 아버지들 (Founding Fathers)'을 누구로 할지에 대해 사회적 대화와 토론을 통해서 국가적·민족적 공감대를 만들어가야 한다. 이승만, 한민당 지도부, 대한민국임시정부 요인, 그리고 안재홍·정인보 등 국내파 지도자까지 대한민국 수립에 직·간접으로 이바지한 인물들을 그 역할의 경중을 가려서 심사숙고해야 한다. 그 과정에서 우리는 해방 후 정치 노선의 차이와 주도권 경쟁 때문에 빚어졌던 정치적 분열을 역사적으로 통합할 수 있을 것이다.

이제 우리는 온 국민이 한마음으로 존경하는 '나라의 뿌리'를 가질 때가 됐다. 이를 통해 날로 커져가는 사회적 분열도 완화시킬 수 있을 것이다. 대한민국임시정부와 대한민국의 관련성에 대하여 그동안 충분히 드러나지 않았던 중요한 역사적 사실의 한 부분을 재조명한 이 작은 책이 그런 논의에 조금이라도 도움이 되기를 감히 희망한다.

참고문헌

1. 저서

강만길 편, 《조소앙》, 한길사, 1982.

국사편찬위원회, 《한국사 52》, 2003.

김기승, 《조소앙: 대한민국임시정부의 이론가》, 역사공간, 2015.

김신, 《조국의 하늘을 날다》, 돌베개, 2013.

김영수, 《대한민국임시정부헌법론》, 삼영사, 1980.

김준엽, 《장정 2-나의 광복군 시절(하)》, 나남출판사, 1987.

＿＿＿, 《장정 4-나의 무직 시절》, 나남출판사, 1990.

＿＿＿, 《역사의 신》, 나남출판사, 1990.

＿＿＿, 《(속) 역사의 신》, 나남출판사, 2008.

김희곤, 《임시정부 시기의 대한민국 연구》, 지식산업사, 2015.

노경채, 《한국독립당연구》, 신서원, 1996.

도진순, 《한국민족주의와 남북관계》, 서울대학교출판부, 1997.

백범김구선생기념사업협회, 《백범 김구: 생애와 사상》, 교문사, 1982.

박명림, 《한국전쟁의 발발과 기원(Ⅱ)》, 나남출판, 1996.

박찬익전기간행위원회, 《남파박찬익전기》, 을유문화사, 1989.

박창화, 《성재이시영소전》, 을유문화사, 1984.

서영훈, 《부름 받아 걸어온 길, 뜻을 따라 가야 할 길》, 백산서당, 2005.

서중석, 《한국현대민족운동연구》, 역사비평사, 1991.

____, 《한국현대민족운동연구(2)》, 역사비평사, 1996.

____, 《남북협상: 김규식의 길, 김구의 길》, 한울, 2000.

손세일, 《이승만과 김구》 제6권, 조선뉴스프레스, 2015.

신창현, 《해공신익희》, 태극출판사, 1972.

양동안, 《대한민국 '건국일'과 '광복절' 고찰》, 백년동안, 2016.

유치송, 《해공신익희일대기》, 해공신익희선생기념회, 1984.

이강수, 《신익희: 좌우의 벽을 뛰어넘은 독립운동가》, 역사공간, 2014.

이범석장군기념사업회 편, 《철기이범석평전》, 삼육출판사, 1992.

이연복, 《대한민국임시정부 30년사》, 국학자료원, 1999.

이정식, 《김규식의 생애》, 신구문화사, 1974.

이현주, 《지청천: 한국광복군총사령》, 역사공간, 2010.

이현희, 《3.1독립운동과 임시정부의 법통성》, 동방도서, 1987.

____, 《대한민국, 어떻게 탄생했나》, 대왕사, 1997.

정병준, 《우남이승만연구》, 역사비평사, 2005.

조경한, 《백강회고록:국외편》, 한국종교협의회, 1979.

한국임시정부선전위원회 편, 조일문 역주, 《한국독립운동문류文類》, 건국대출판부, 1976.

한시준, 《대한민국임시정부(Ⅲ)-중경시기》, 독립기념관 한국독립운동사연구소, 2009.

후지이 다케시, 《파시즘과 제3세계주의 사이에서》, 역사비평사, 2013.

2. 논문·기사

김기승, 〈조소앙과 대한민국 정부 수립〉, 《동양정치사상사》 제8권 1
　　호, 2009.

김성숙, 〈오호, 임정 30년 만에 해산하다〉, 《월간중앙》 1968년 8월호.

김수자, 〈해방 이후 이청천의 정치활동〉, 백산 이청천(지청천) 장군
　　서거 50주기 추모 학술회의 발표문, 2006.

김용달, 〈해공 신익희와 대한민국〉, 《한국학논총》 34집, 2010.

김원모, 〈백범 김구 최후의 연설문〉, 《신동아》 1989년 6월호.

김인식, 〈대한민국 정부 수립과 안재홍: 정부 수립 주체론을 중심으
　　로〉, 《동양정치사상사》 제8권 1호, 2009.

김재명, 〈한국독립당, 망각의 이력서〉, 《정경문화》 1986년 4월호.

＿＿＿, 〈삼균주의 선각자 조소앙 선생〉, 《정경문화》 1986년 6월호.

김정인, 〈3.1운동과 임시정부 법통성 인식의 정치성과 학문성〉, 《서
　　울과 역사》 제99호, 2018.

김혜진, 〈제1공화국의 대한민국임시정부 계승 정책〉, 《이화사학연구》
　　제56집, 2018.

도진순, 〈1945~1946년 미국의 대한정책과 우익진영의 분화〉, 《역사
　　와 현실》 7집, 1992.

＿＿＿, 〈분단 전후 김구·김규식의 국가건설론과 통일로의 귀결〉, 《분
　　단의 내일 통일의 역사》, 당대, 2001.

＿＿＿, 〈역사와 기억: 건국 연도와 연호, 그 정치적 함의〉, 《역사비
　　평》 126호, 2019.

박명림, 〈대한민국 건국과 한국민족주의: 김구 노선을 중심으로〉, 《한

국정치외교사논총》 제31집 제1호, 2009.

박성수, 〈광복군과 임시정부〉, 《한국근대민족운동사》, 돌베개, 1980.

박진희, 〈해방 직후 정치공작대의 조직과 활동〉, 《역사와 현실》 21
　　호, 1996.

박찬승, 〈대한민국 헌법의 임시정부 계승성〉, 《한국독립운동사연구》
　　43집, 2012.

배경식, 〈반(反)한독당 세력의 중경임정 개조 운동과 해방 후 과도
　　정부 수립 운동〉, 성균관대 석사 논문, 1995.

오대록, 〈해방 후 대한민국임시정부 연구〉, 단국대 박사 논문, 2014.

＿＿＿, 〈해방 후 대한민국임시정부의 과도정권 수립 시도〉, 《백범과
　　민족운동 연구》 11집, 2015.

＿＿＿, 〈해방 이후 대한민국 국민의회(1947~1948년)의 활동과 성
　　격〉, 《한국민족운동사연구》 84집, 2015.

이동현, 〈남북협상(1948)의 추진 의도〉, 《수촌(水邨)박영석교수화갑
　　기념 한국사학논총》, 1992.

이신철, 〈1948년 남북협상 직후 통일운동세력과 김구의 노선 변화에
　　관한 연구〉, 《한국사학보》 제11호, 2001.

이영록, 〈헌법에서 본 3.1운동과 임시정부 법통〉, 《법학논총》 제24집
　　제1호, 2017.

이완범, 〈남북협상의 역사적 재평가〉, 남북협상70주년기념학술회의
　　발표문, 2018.

이용기, 〈1945~48년 임정세력의 정부수립 구상과 '임정법통론'〉, 《한
　　국사론》 38호, 1997.

이임하, 〈1950년 제2대 국회의원 선거에 관한 연구〉, 성균관대 석

사 논문, 1994.

이철순, 〈우사 김규식의 삶과 정치활동〉, 《남북민족지성의 삶과 정
　　신》, 도서출판 선인, 2011.

장준하, 〈풍운을 달린 단성(丹誠)의 생애-고 철기 이범석 장군의 영
　　전에〉, 《신동아》 1972년 7월호.

정병준, 〈1946~1947년 좌우합작운동의 전개과정과 성격변화〉, 《한
　　국사론》 29집, 1993.

_____, 〈주한미군정의 '임시한국행정부' 수립 구상과 독립촉성중앙
　　협의회〉, 《역사와 현실》 19집, 1996.

_____, 〈총론: 해방 직후 대한민국임시정부 연구의 몇 가지 문제
　　점〉, 《역사와 현실》 24집, 1997.

_____, 〈해방 후 백범 김구의 건국노선과 평화통일 활동〉, 《백범과
　　민족운동 연구》 제7집, 2009.

주익종, 〈3.1운동과 대한민국임시정부의 기억〉, 이승만학당 3.1운동
　　100주년기념학술대회 발표문.

한상구, 〈1948~1950년 평화적 통일론의 구조〉, 《분단 50년과 통일
　　시대의 과제》, 역사비평사, 1995.

사진 자료 목록

찾아보기

‖ㄱ‖

264

‖ㅅ‖

‖ㅇ‖